OEUVRES
DE
MOLIERE

ILLUSTRATIONS
PAR
MAURICE LELOIR

L'IMPOSTEUR

PARIS
CHEZ ÉMILE TESTARD, ÉDITEUR
10, RUE DE CONDÉ, 10

MDCCCXCI

OEUVRES

DE

J.-B. P. DE MOLIÈRE

L'IMPOSTEUR

JUSTIFICATION DU TIRAGE

Il a été fait pour les Amateurs un tirage spécial sur papier de luxe à 550 exemplaires, numérotés à la presse.

			NUMÉROS
125 exemplaires	sur papier du Japon.		1 à 125
75	—	sur papier de Chine.	126 à 200
150	—	sur papier Vélin à la cuve.	210 à 350
200	—	sur papier Vergé de Hollande.	351 à 550

OEUVRES DE MOLIÈRE

ILLUSTRATIONS
PAR
MAURICE LELOIR
NOTICES
PAR
A. DE MONTAIGLON

L'IMPOSTEUR

PARIS
CHEZ ÉMILE TESTARD, ÉDITEUR
10, RUE DE CONDÉ, 10

MDCCCXCI

NOTICE DE TARTUFFE

ARTUFFE, depuis le xviie siècle, est entré dans la nomenclature officielle des Dictionnaires, parce qu'il est passé couramment dans la langue commune; c'est l'hypocrite, celui de toutes les hypocrisies. N'y en a-t-il pas de tous les temps, de toutes les sortes, de toutes les religions, de toutes les professions, de toutes les conditions, aussi bien en bas qu'en haut ? Molière n'a pas créé la chose, mais il se trouve l'avoir marquée au fer rouge et lui avoir mis une étiquette désormais aussi éternelle que l'humanité elle-même. Molière, en donnant ce nom à son personnage, ne s'est pas d'abord douté de sa fortune; il l'avait un moment changé en *Panulphe*, mais, sous sa vraie forme de *Tartuffe*, le nom vit et ne mourra qu'avec la langue. C'est devenu un mot courant, et il faut que l'œuvre soit bien forte pour avoir créé de toutes pièces un nouveau substantif qui ne sort que de lui-même.

Le même fait s'était déjà produit dans la vieille France. Le *vulpes* était devenu en français *goupil*. Un poème latin lui donne un nom humain, et le baptise *Reinhardus;* nos poètes, car ils sont plusieurs, le francisent en le traduisant par *Renard*. Seulement au lieu d'hexamètres solennellement plats et ennuyeux, ils avaient mis dans leurs vers, plus courts et plus légers, le sel de l'esprit et de la malice; ils avaient si bien fait vivre leur Renard que le bruit fut énorme et se répandit. Tous les Poëmes, tous les Romans en prose, allemands, flamands et anglais, qui ont repris le même thème, ont obéi, pendant des siècles, à l'influence de la littérature française du second moyen âge; ils n'en sont que des imitations, des adaptations, et cette postérité éparpillée n'est pas indigne du père. Chez nous *goupil* a disparu, après nous avoir laissé *goupillon* en souvenir de la queue touffue de l'animal, mais parlez d'un *goupil* à un garde-chasse, à un paysan et même à beaucoup de gens du meilleur monde, on ne sait plus de quoi vous parlez; dites *renard*, et l'on comprendra. *Goupil* est mort; vive *Renard*, qui, lui aussi, a déjà un peu, très peu, mais quelque chose de Tartuffe. L'Ours, dans le vieux poème, s'appelle Brun, le Loup Ysengrin; tous les autres personnages de cette comédie et de ce théâtre « à cent actes divers », comme eut dit La Fontaine, ont aussi des noms, qui sont spirituels et bien trouvés; aucun d'eux n'a passé la rampe; *Renard* a sauté par-dessus. Cette nouveauté, qui a cessé d'en être une, cette véritable usurpation, cette dépossession, cette substitution, définitive comme tout ce qui est populaire, est la preuve la plus surprenante et la plus forte de la valeur maîtresse des œuvres qui ont réalisé ce délogement et cette prise d'assaut. Ils ne sont plus un nom propre, mais un mot et une monnaie courante, à l'effigie de laquelle on ne se trompe pas.

Quant aux dates de l'histoire de *Tartuffe*, il est impossible de ne pas les répéter, car elles y sont particulièrement importantes. Toutes les éditions antérieures à celle de 1734 et, malgré son bon exemple, beaucoup de celles qui sont venues après elle, qui ont mis le Tartuffe à l'année 1679, après *Amphitryon*, *Georges Dandin* et l'*Avare*, ont eu d'autant plus tort qu'avant le *Tartuffe* elles mettent ainsi *Don Juan*, représenté en 1665, alors qu'il n'est ni le prologue, ni l'annonce, mais une défense de *Tartuffe*. Les éditions modernes ont heureusement pris l'habitude de rétablir l'ordre et la suite des Pièces, et par là celle des péripéties de l'*Imposteur*.

Dès 1663, Molière en avait conçu l'idée et avait commencé à en écrire les vers. Quand il écrivait ses deux premiers actes qui sont une exposition, et l'une des plus belles qu'on ait jamais faites, et le troisième acte qui est l'entrée de son héros, si l'on peut appeler ainsi cet hypocrite, il savait ce qu'il mettrait dans les deux autres et comment il trouverait moyen de démasquer le traître, de le punir et de sauver Orgon et tous les siens avec lui. Le plan complet de l'action et du dénouement a dû forcément précéder la rédaction ; ni le développement de l'intrigue, ni sa fin, ne peuvent comporter ni l'indécision, ni la confiance dans les hasards de l'improvisation successive.

En réalité, ces trois premiers actes étaient complètement achevés au printemps de 1664, puisque l'avant-dernière journée des Fêtes de Versailles, c'est-à-dire la septième, dans la soirée du lundi 12 mai 1665, Molière remplaça la *Princesse d'Élide* par l'*Imposteur*. Ni l'un ni l'autre n'étaient complets, et c'est la Pastorale romanesque qui fut écrite pour la Fête, ce qui suffit à occuper alors Molière. Ce n'est pas au milieu de cette hâte qu'il a pu travailler concurremment à une œuvre bien autrement difficile et sérieuse. La *Princesse* n'était pas une grosse bataille à livrer, et *Tartuffe* en était une.

Pour celle-là, deux actes seulement étaient en vers ; le manque de temps condamna l'auteur, dont la plume était pourtant facile, à écrire et à jouer en prose les trois derniers. Ce n'est pas le cas pour *Tartuffe*, les contemporains disant toujours « *les trois premiers actes* ».

Evidemment Molière ne se serait pas permis de les jouer par surprise et sans en avoir proposé et soumis le projet et le plan, sans y avoir été autorisé par le duc de Saint-Aignan, ordonnateur de la Fête, et certainement aussi par le Roi, vis-à-vis duquel ni Molière, ni M. de Saint-Aignan ne se seraient permis cette liberté ; les dernières pages de la Relation officielle le disent formellement :

« Le soir, le Roi fit jouer une Comédie, nommée Tartufle, que le Sieur de Molière avait fait contre les Hypocrites ; mais, quoiqu'elle eût été trouvée fort divertissante, le Roi connut tant de conformité entre ceux qu'une véritable dévotion met dans le chemin du Ciel et ceux qu'une vaine ostentation des bonnes œuvres n'empêche pas d'en commettre de mauvaises, que son extrême délicatesse pour les choses de la Religion ne put souffrir cette ressemblance du vice avec la vertu, qui pouvaient être prises l'un pour l'autre, et, quoiqu'on ne doutât pas des bonnes intentions de l'auteur, il la défendit pourtant en public et se priva soi-même de ce plaisir pour n'en pas laisser abuser à d'autres, moins capables d'en faire un juste discernement. »

Cela, qui est fort bien dit et dont chaque mot ne peut pas ne pas avoir été soigneusement pesé, défend à la fois la décision souveraine et l'œuvre de l'auteur ; c'est d'autant plus important que cette Relation, n'ayant été imprimée qu'en 1665, paraissait lorsque l'orage était depuis longtemps déchaîné et n'était pas près de finir. Par contre, dans son numéro du 1er mai 1664, la *Gazette* est absolument contre Molière quand elle loue Louis XIV de justifier son titre de fils aîné de l'Eglise, « comme il le fit « voir naguère » — c'est-à-dire trois mois avant — « par ses défenses de « représenter une Pièce de Théâtre intitulée l'*Hypocrite*, que Sa Majesté, « pleinement éclairée en toutes choses, jugea absolument injurieuse à « la Religion et capable de produire de très dangereux effets ».

Il est bien regrettable que nous n'ayions pas un mot d'un témoin. La jolie Relation de Marigny, peut-être par prudence, est aussi muette sur le chef-d'œuvre compromettant qu'elle insiste sur les splendeurs des cortèges, des ballets et des carrousels. Quel a été l'effet sur les spectateurs à cette première apparition de *Tartuffe*? On peut douter que les belles dames et les courtisans y aient vu autre chose qu'une soirée de plus, et peut-être auront-ils seulement trouvé la chose trop sérieuse, sans assez de costumes ni de spectacle. Des gens de goût auront admiré; d'autres auront été choqués, mais ils ont dû se taire et ne rien dire ce soir-là. C'est le lendemain, les jours suivants, à la Ville plus qu'à la Cour et surtout dans le monde ecclésiastique de l'Archevêché et de la Sorbonne, par tous les racontars, les commentaires indignés et les exagérations, volontaires et involontaires, que la question s'est soulevée et envenimée.

Un prêtre ne craignit pas de se donner le rôle du Délateur antique et presque de pourvoyeur du bourreau. Le premier Placet de Molière nous l'avait appris en parlant du « Livre, composé par le Curé de..., présenté à Sa Majesté »; mais personne ne l'avait vu. Dès 1835, M. Taschereau retrouvait, à la Bibliothèque de l'Arsenal, dans les Papiers de Conrart, une copie manuscrite avec ce titre : « Placet de Molière, Comédien, « présenté au Roi sur les injures et les calomnies que le curé de Saint-« Barthélemy a fait imprimer dans son livre *Le Roi glorieux au Monde*, « contre la Comédie de l'*Hypocrite* que Molière a fait et que Sa Majesté « a défendu de représenter », copie qui doit être antérieure à l'édition de 1669 où le Placet est imprimé. C'était le commencement de la lumière, et l'on apprenait à qui et à quoi l'on avait affaire.

Pierre Roullé, Docteur de Sorbonne, était Curé de Saint-Barthélemy en la Cité, dans l'ancienne rue de la Barillerie, exactement en face du pignon de la Salle des pas perdus du Palais de Justice, dont c'était la paroisse. Il l'était depuis longtemps puisqu'il y prononça, en 1643, une

Oraison funèbre de Louis XIII, qu'il a imprimée avec une Dédicace à Mazarin, pour se mettre ou rester bien en Cour. La même année que son Panégyrique sur la gloire et la piété de Louis XIV, il imprima, en octobre 1664, un autre Panégyrique royal, intitulé *Le Dauphin*, qu'il dédia à la Maréchale de La Mothe-Houdancourt, déjà veuve et qui mourut très vieille en 1709, bien longtemps après avoir vu le triomphe de *Tartuffe*, que ne connut pas Roullé, puisqu'il mourut le 15 juillet 1666. Il ne vit donc pas *Tartuffe* permis à Paris, puisqu'avant 1669 il n'y en eut, avec une nouvelle interdiction, que la représentation unique de 1667; Roullé vécut dans son triomphe, sûr d'avoir écrasé la tête du monstre.

Son « Roy glorieux au Monde, ou Louis XIV le plus glorieux de tous « les Roys du Monde », est maintenant à jour, depuis que l'exemplaire, probablement celui même qui fut présenté à Louis XIV, a été retrouvé en 1865 à la Bibliothèque du Roi et réimprimé par M. Paul Lacroix en 1867. On peut lui donner une date précise; elle s'indique d'elle-même. La Cour est à Fontainebleau; elle y a été du 14 mai au 13 août 1664. Le Cardinal Flavio Chigi, neveu et légat du Pape, vient d'arriver en France; il a été reçu à Fontainebleau, où il se trouve du 12 juillet au 12 août; donc le livre de Roullé est écrit au mois de juillet.

Il n'a pas provoqué l'interdiction; elle lui est antérieure, puisque l'un de ses éloges de la piété du Roi se base sur cette interdiction même, mais, en la louant, il compte la faire maintenir et la rendre définitive. Il n'y va pas d'ailleurs de main morte.

Molière est un « Démon vêtu de chair, le plus impie et le plus liber- « tin de tous les siècles »; il mérite « le dernier sacrifice exemplaire et « public, et le feu même, avant-coureur de celui de l'Enfer ». Dans le texte de Roullé, il y a *le fust;* mais, avec la confusion de la prononciation, ce n'est qu'une faute typographique, comme *Thou* pour *Toul* et le pays de *Getz* pour *Gex;* le bâton, même convenablement fréquent et répété, serait trop doux et pas assez infernal. La phrase même ne comporte que le feu; Boileau y a fait directement allusion :

> *L'un, défenseur zélé des bigots mis en jeu,*
> *Pour prix de ses bons mots le condamnoit au feu,*

et Molière n'a pas compris autre chose :

« Ce n'est pas assez que le feu expie en public mon offense; j'en suis quitte à trop bon marché. Le zèle charitable de ce grand homme de bien n'a garde d'en demeurer là ; il ne veut point que je trouve de miséricorde auprès de Dieu, il veut absolument que je sois damné; c'est une chose résolue. »

C'est bien le bûcher que demandait Roullé, un bûcher de vraies flammes comme celui de Jeanne d'Arc, que, s'il eût vécu au XVe siècle, il n'aurait pas manqué de prononcer ou de louer. Il n'obtint pas le bûcher de Louis XIV ; Molière avait plus que lui l'oreille du Roi, puisqu'il arriva avec sa Troupe à Fontainebleau le même jour que le Légat, et ils y jouèrent devant lui quatre fois la *Princesse d'Elide* et une fois la *Thébaïde*.

Molière eut même la satisfaction que le livre de Roullé fut absolument supprimé et ne parut pas, d'où sa rareté, si longtemps inatteignable. Ce qui dut aussi ne pas manquer de contribuer à cette juste décision, c'est qu'à côté de l'histrion, Roullé avait en même temps pris à partie M. de Turenne parce qu'il était Protestant. On était encor loin de la révocation de l'Edit de Nantes, et le Roi dut trouver fort mauvais qu'on attaquât le Général de ses armées, le vainqueur des Espagnols, l'auteur par là de la Paix des Pyrénées et le membre d'une Maison presque Royale. Roullé avait été là bien maladroit et aurait dû ne pas oublier le vieil Esope et la Fable du *Pot de terre et du Pot de fer*. Il est probable que Molière, si protégé de Louis XIV, en eût obtenu justice, mais l'attaque de Turenne fut d'un grand poids dans la balance, et rendit évidemment la chose plus facile et plus prompte.

C'était beaucoup, mais cela ne levait pas l'interdiction de la Pièce ; Molière, sûr de sa valeur et de sa force, avait à cœur, autant comme auteur que comme homme, qu'on la laissât jouer et il ne cessa de s'y employer. Il lui fallut attendre cinq ans.

Comme moyen, non pas de remplacer le théâtre, mais d'arriver à y venir en préparant l'opinion, il employa surtout les lectures. Boileau nous l'apprendrait dans la Satire du *Repas ridicule*, qui est de 1665 :

> *Molière avec Tartuffe y doit jouer son rôle...*
> *Nous n'avons, m'a-t-il dit, ni Lambert ni Molière.*

On ne sait pas la date de la lecture à Ninon, mais, comme il n'est toujours question que des trois premiers actes, celle faite chez Habert de

Montmort, l'ami de Gassendi, doit être de 1664. Molière devait aussi en faire une chez des amies de Port-Royal, Mme de Longueville ou Mme de Sablé, mais l'expulsion des Mères, qui eut lieu le jour convenu, la rendit naturellement impossible, et le fait est du 26 août 1664.

Il y eut même de véritables représentations, presque aussi officielles qu'à Fontainebleau. Ainsi celle du château de Villers-Cotterets du 25 septembre 1664, dans les Fêtes offertes au Roi par son frère; la Troupe de Molière portait encore son nom, et, comme c'est à la femme de Monsieur, la charmante Henriette d'Angleterre, que Molière avait dédié l'*Ecole des Femmes*, il est bien probable qu'elle contribua au choix de *Tartuffe* et à l'agrément du Roi.

Deux mois après, le 29 novembre 1664, le Grand Condé eut le plaisir de le voir, cette fois en cinq actes, joué pour lui dans une fête au château du Raincy, près Livry, alors à la Princesse Palatine, belle-mère de M. le Duc, fils de Condé. On conçoit d'autant plus combien le poète eut à cœur de satisfaire un tel désir quand on se rappelle, la célèbre anecdote par laquelle se termine la Préface de Molière, qui se met ainsi à couvert sous la double autorité de M. le Prince et du Roi, sûr qu'il était de ne pas être désavoué de ceux qu'il met ainsi en avant :

« Huit jours après que la Comédie de *Tartuffe* eut été défendue — par conséquent en mai 1664 — on représenta devant la Cour une Pièce intitulée *Scaramouche ermite*, et le Roi, en sortant, dit au grand Prince que je veux dire — le mot de Prince équivaut au nom — : *Je voudrois bien savoir pourquoi les gens qui se scandalisent si fort de la Comédie de Molière ne disent mot de celle de Scaramouche.* A quoi le Prince répondit : *La raison de cela, c'est que la Comédie de Scaramouche joue le Ciel et la Religion, dont ces messieurs-là ne se soucient point, mais celle de Molière les joue eux-mêmes. C'est ce qu'ils ne peuvent souffrir.* »

En tête de la seconde édition originale de *Tartuffe*, publiée comme la première en 1669, se trouvent trois Placets de Molière. Le premier, où il se défend contre Roullé, sans le nommer, doit être de 1664 et de la première heure. L'année suivante, Molière, pour s'adresser au public, y ajouta *Don Juan*, qui ne fut pas joué à la Cour, mais à la Ville, le 15 février 1665, où il revint à la charge contre l'hypocrisie et où l'hypocrisie religieuse, cette fois toute froide et volontaire, est flagellée d'une façon bien autrement violente. C'était une aggravation et une défense de *Tartuffe*. Sans interdire formellement *Don Juan*, il fut probablement dit à Molière qu'il ferait mieux de l'interrompre pour ne pas jeter de l'huile sur le feu. Comme il tenait moins à la nouvelle œuvre, hâtivement improvisée pour le besoin et dans la chaleur de la querelle, qu'à celle antérieurement conçue, pensée, mûrie et pour lui bien autrement importante, il jeta par-dessus bord *Don Juan*, qu'il ne reprit jamais et qui ne fut imprimé qu'après sa mort. Mais cela ne changea rien à la bienveillance, vraiment sérieuse, de Louis XIV, puisque, le 14 août, la Troupe, cessant d'être sous le patronage nominal de Monsieur, devint la Troupe du Roi, ce que n'ont été ni les Italiens, ni les grands Comédiens de l'Hôtel de Bourgogne.

Pourtant le Roi hésitait encore. Christine, la Reine de Suède, qui était à Rome et avait dans son palais un théâtre, voulut y faire jouer *Tartuffe* et fit demander à M. de Lionne le moyen d'avoir la Pièce avant tout le monde. Il était difficile d'autoriser à l'étranger, et surtout à Rome, ce qu'on défendait à Paris. Aussi le Secrétaire d'Etat répondit au Bibliothécaire de la Reine une lettre fort polie, mais dans laquelle il se dérobe. La Pièce, prétend-il, n'est pas achevée, et il faudrait que le Roi, qui en a ordonné la suppression, usât de violence pour que Molière, en laissant rendre sa Pièce publique, se privât de « l'avantage qu'il se peut promettre « et qui n'iroit pas à moins de vingt mille écus pour toute sa Troupe, si « jamais il obtenoit de la faire représenter ». M. de Lionne y allait très largement pour donner à réfléchir à la Reine. Christine, qui d'ailleurs avait laissé d'étranges souvenirs en France, dut se passer de *Tartuffe;* Mais on voit que le Ministre en entrevoyait la représentation possible.

Molière avait donc raison de se croire, malgré tout, défendu et soutenu. Sur de bonnes paroles et de quasi-promesses il annonça et joua, le 5 août 1667, son œuvre, en la produisant sous le nouveau titre de *l'Imposteur* et en changeant le nom de l'hypocrite en celui de Panulphe; la recette, 1890 livres, fut énorme. Mais M. de Lamoignon, étant alors de droit, en l'absence du Roi et du Chancelier, chargé, comme Premier Président du Parlement, de la Police de Paris, non pas tant contre Molière que par crainte de sa responsabilité s'il survenait quelque difficulté, défendit formellement *l'Imposteur* le lendemain 6. Molière, qui ne devait pas avoir en main de permission écrite, dut obéir.

Immédiatement, c'est-à-dire le 8 août, les deux acteurs qui venaient de jouer, l'un Cléante et l'autre Valère, furent chargés par leur Directeur d'aller présenter au Roi le second Placet. La Troupe ne joua pas pendant leur voyage et ne reprit que le 25 septembre. Nous le savons par le *Registre*, qui note ainsi leur expédition :

« Le huitième (août) le Sieur de La Thorillière et moi, de La Grange, sommes partis de Paris en poste pour aller trouver le Roi au sujet de la défense. Sa Majesté étoit au siège de l'Isle en Flandre, où nous fûmes très bien reçus. Monsieur nous protégea à son ordinaire, et Sa Majesté nous fit dire qu'à son retour à Paris, il feroit examiner la Pièce de *Tartuffe* et que nous la jouerions. Après quoi nous sommes revenus. Le voyage a coûté mille livres à la Troupe. »

Ils n'avaient pas vu le Roi, mais ils rapportaient l'espérance et il en était besoin. Aussitôt après leur départ, l'honnête Archevêque de Paris, Hardouin de Péréfixe, de lui-même ou circonvenu par la cabale et fort de l'ordre de Lamoignon, adressa, le 11 août, sur la requête de son Promoteur, une ordonnance à ses Archiprêtres de la Madeleine et de Saint-Séverin, c'est-à-dire à ceux de la rive droite et de la rive gauche, de prémunir tous les Curés et Vicaires de la Ville et Faubourgs de Paris contre « la Comédie très dangereuse » que l'on venait de jouer sur l'un des Théâtres de cette Ville sous le nouveau nom de *l'Imposteur*, avec « expresses inhibitions et défenses à toutes personnes de notre Diocèse « de représenter, lire ou entendre réciter la susdite Comédie, soit publi- « quement, soit en particulier, sous quelque nom et prétexte que ce « soit et ce sous peine d'excommunication ». Cette fois, les lectures mêmes étaient visées, et Roullé ne dut pas être le dernier à publier triomphalement le monitoire du haut de la chaire de son église.

Il y fut, presque immédiatement, fait une réponse. La *Lettre sur l'Imposteur*, datée du 6 avril, parut en 1667; elle fut réimprimée deux fois, en 1667 et en 1670. La seconde partie, toute théorique, porte sur deux points; la religion n'a qu'à gagner à être mise en honneur sur le théâtre; le théâtre, en faisant des galants des ridicules, donne aux femmes la meilleure leçon pour les juger et pour s'en défendre. La première partie, la plus intéressante, est le commentaire de la Pièce, scène par scène, situation par situation, caractère par caractère, en en rapportant, comme le dit l'auteur, à peu près les mêmes mots sans se hasarder à mettre les vers eux-mêmes, de peur de se tromper.

On est allé parfois jusqu'à l'attribuer à Molière lui-même, ce qui est inadmissible. La prose de Molière, dans ses propres Préfaces, est toujours nette, précise et rapide ; celle-ci est souvent lente, lourde et parfois embarrassée. Elle est évidemment d'un ami, mais elle ne peut pas avoir été écrite sans l'aveu, sans l'inspiration et même sans la revision de Molière. Comment, après une audition unique, retenir le texte de tant de passages et analyser, d'une façon si serrée et si sûre, la suite de l'action jusque dans tous ses détails. L'auteur de la *Lettre* n'a pas pu, en écrivant, ne pas avoir le manuscrit sous les yeux.

Un exemplaire est signé à la fin d'un C, qui a fait penser à Chapelle ; la légèreté et l'esprit pétillant du style de son *Voyage* ne permettent pas de croire que les deux ouvrages soient de la même main. La vérité est que, si la *Lettre* est encore anonyme, elle reste de toute façon très importante. D'un côté, elle permet de constater quelques différences avec la rédaction définitive de 1669. De l'autre, c'est si bien le meilleur commentaire analytique de *Tartuffe* qu'on ne l'a pas dépassée et qu'il faut toujours y revenir. Elle ne peut pas plus se séparer de *Tartuffe* qu'on ne peut séparer du *Misanthrope* la Lettre de Visé, plus heureuse peut-être comme forme, mais moins solide dans le fond.

Il n'en fallut pas moins deux ans pour que vînt le grand jour de la justice. *Amphitryon*, *Georges Dandin* et *l'Avare* n'étaient pas sans avoir conservé et augmenté la faveur de Molière, et la Paix de l'Eglise avait été scellée par le Bref de Clément IX. L'opposition s'était usée et amortie, et, quand Louis XIV leva la défense, l'Archevêque de Paris ne réveilla pas son monitoire. C'est le 6 février 1669 que *Tartuffe* fut joué, et, malgré la mort du père de Molière dont l'enterrement eut lieu le 27, ses représentations, à la Cour comme à la ville, eurent le succès que l'on sait. La très médiocre comédie, *la Critique de Tartuffe*, qui semble n'avoir été jouée que sur le théâtre particulier d'un grand Seigneur et dont la malveillance est plutôt littéraire, dit bien « *Que, s'il a réussi, c'est qu'on l'a défendu* ».

Si cela était vrai, *Tartuffe* aurait disparu comme tant d'autres œuvres à qui la défense seule donne le bruit et la lueur d'un moment ; il a vécu, il est resté en pleine lumière et aussi vivace que jamais ; il a eu le passé, il a encore pour lui l'avenir. Deux éditions, parues coup sur coup en 1669, témoignent de son succès à la lecture comme au théâtre, et il faut remarquer que, sur le titre de la première, qui se vendait un écu, la Pièce était indiquée comme imprimée « aux dépens de l'auteur », sauvegarde plus grande contre des usurpations par d'autres Troupes que si c'eût été la publication d'un libraire.

Voilà, sommairement, la suite des dates, si nécessaire pour marquer les phases, les éclipses, les retours et le triomphe définitif. Quant à la valeur de l'œuvre, l'une, avec le *Misanthrope* et les *Femmes savantes*, des trois plus grandes œuvres de leur auteur, il y a longtemps que son éloge est inutile. Mais il y a d'autres questions sur lesquelles on a beaucoup écrit et sur lesquelles on écrit encore. Il faudrait tout un volume pour les traiter et les discuter en détail ; je dois au moins les rappeler, plus rapidement encore que les dates.

La première porte sur le nom, dont Molière nous donne lui-même le sens : *Tartuffe* ou l'*Imposteur*. En 1667, Molière l'avait changé en *Panulphe*. Comme *Panurge* vient de πανουργος, l'homme adroit et bon à tout, *Panulphe* a-t-il été fait, par antiphrase, sur πανόλϐος ou πανόλϐιος, celui qui est très heureux, celui qui réussit ? Il n'importe, puisque ce changement de nom n'est plus qu'une curiosité. Il est ridicule de dire que *Tartuffe* est l'allemand *Teufel*, le Diable. Le *Montufar* de la Nouvelle de Scarron, aurait, comme son, quelque analogie confuse, mais l'origine est plus simple.

Nos deux vieux mots *truffe* et *truffer*, comme en italien *truffa* et *truffare*, sont la tromperie et le trompeur. En même temps, *truffe* est aussi le nom du champignon caché qu'il faut aller poursuivre dans la terre sur les racines de certains chênes, et, dans le poème Italien du Peintre Lorenzo Lippi, *Il Malmantile racquistato*, un méchant homme s'appelle *Tartufo*, alors que *tartufolo* est en italien la truffe comestible ; mais Lippi et Molière ne se doivent rien l'un à l'autre. Lippi a écrit avant 1664 puisqu'il est mort cette année, et la publication de son *Malmantile* ne fut faite qu'en 1676. On a depuis longtemps cité que, dans une vieille traduction française du traité de Platina *De honestâ voluptate*, publiée à Lyon en 1505, l'un des chapitres du neuvième livre est intitulé : *Des truffes ou tartuffes*. Bien que le traducteur, Didier Christol, Prieur de Saint-Maurice auprès de Montpellier, fût plus voisin de l'Italien que du Parisien, l'équivalence des deux formes était déjà considérable. On a depuis trouvé mieux encore dans l'œuvre du graveur Lagniet, grossière de toutes façons mais très curieuse par ses suites réalistes et caricaturales de types comiques et populaires expliqués par des vers burlesques. L'une de ces gravures représente non pas un hypocrite, mais une horrible vieille, qui fait la sainte-nitouche, alors qu'elle ne demanderait qu'à rattraper le bonnet de sa jeunesse pour le jeter encore par-dessus tous les moulins, et il l'appelle *la Tartuffe*. C'est absolument direct, et le sens du nom était donc couramment compréhensible. L'œuvre de Lagniet étant de la toute première moitié du règne de Louis XIV, sa planche parisienne est vraiment contemporaine. Il n'est même pas besoin que Molière ait vu Lagniet et qu'il lui doive le mot ; il l'a bien plutôt pris au langage du peuple. Ce n'était qu'une méchante piécette de cuivre, usée et sans valeur ; Molière a trouvé bon de la ramasser. Il en a regravé le coin, il l'a frappée en or ; la postérité, qui l'a acceptée, ne trouve pas encore, comme le frai ne l'a pas usée, que ce soit une pièce démonétisée et ne pense ni à la refuser, ni à la refondre.

Il y aurait bien plus à dire sur la manière dont les Comédiens ont successivement interprété les différents rôles, et sur ce qui a survécu de leur souvenir.

C'est Molière qui a créé Orgon, et il y devait être ce qu'il avait été dans les Sganarelle et dans Arnolphe ; de nos jours, Provost y a été excellent. Pour Elmire, créée par la femme de Molière qui a tenu le rôle jusqu'à sa mort, le grand souvenir est celui de Mlle Mars, à qui l'on doit, dès 1829, le retour aux costumes du temps. Je ne l'y ai vue qu'une seule fois, à l'extrême fin de sa carrière, mais je l'ai vue, et je m'en souviens ; c'était la perfection de l'honnêteté, de la finesse et de la noblesse. Aussi a-t-il fallu bien du talent à Mme Plessis pour s'y être aussi distinguée à la suite de celle qui avait été si longtemps le type et comme l'incarnation d'Elmire, pour en avoir pris à son tour possession après elle et y avoir, comme sa devancière, marqué sa trace. Un peu moins princière et plus femme, elle était peut-être mieux dans le ton moyen de l'honnête, je dirais Bourgeoise, si le sens du mot n'était pas descendu et était ce qu'il avait été autrefois. Quant à Dorine, créée par Madeleine Béjard, et où Mlle d'Angeville, Mme Bellecour et Mlle Joly ont été, dit-on, charmantes. — « Mais où sont les neiges d'antan » — le nom aujourd'hui le plus en lumière, c'est celui d'Augustine Brohan, dont la brusquerie franche, aussi pleine de bon sens que de gaîté, y était étincelante.

Mais, à la scène comme à la lecture, le maître rôle, celui qui domine tous les autres, c'est celui de Tartuffe. Pourtant, si difficile qu'il soit, c'est celui qui a trouvé le plus d'interprètes marquants. Du Croisy, pour lequel Molière l'avait choisi, l'a tenu jusqu'à sa retraite en 1689. Auger, au xviiie siècle, le faisait tomber dans la grossièreté des Farceurs. Fleury et

Firmin lui donnaient, avec raison, un certain tour de bon air, dont Bressant exagérait peut-être l'élégance. J'ai entendu dire à mon grand-père que, sous l'Empire et la Restauration, de tous les acteurs qu'il y avait vus, Michelot dépassait de beaucoup tous les autres. Damas y était vigoureux, Geffroy nerveux et d'un grand accent.

Sur les différentes interprétations, dues aux théories et plus encore au tempérament de chacun, qui font que Tartuffe est tantôt terrible et fatal, tantôt honteusement repoussant, tantôt trop *honnête homme*, il y aurait bien plus à dire qu'il n'y en a ici la place, car Tartuffe n'est pas un rôle qui se puisse traiter indifféremment d'une façon ou d'une autre. Ce n'est pas un traître de Mélodrame, un énergumène, un fanatique visible; c'est seulement quand il se démasque au quatrième et au cinquième acte qu'il devient dramatique et qu'il fait peur. Dans cette volte-face, froidement et cruellement hautaine, la voix mordante et le grand air impérieux de Geffroy étaient particulièrement saisissants. Mais, avant que Tartuffe, qui est un drôle de la pire espèce, ne dévoile son impudence, il est nécessaire qu'il y ait de l'onction et de la douceur dans les manières et dans la voix qu'il se donne. Pour qu'on comprenne son succès aussi bien que ses prétentions, pour pouvoir avoir été acceptable et accepté, il faut qu'il ne paraisse ni sombre et fatal, ni violent, ni grotesque, ni cuistre, ni pied-plat, ni loqueteux. Son comique, car c'est un personnage comique, résulte du contraste de son apparence et de ses visées avec la manière dont il est jaugé et percé à jour par l'instinct de répulsion des uns et par le jugement raisonné des autres à côté de l'aveuglement d'Orgon et de Mme Pernelle.

Tartuffe a le teint fleuri. Il est beau mangeur et même gourmand; les morceaux fins et les vins délicats ne lui font pas peur, bien au contraire. Il n'est pas mal de sa personne, sauf les yeux faux et durs; il est frais et gras; il doit avoir les mains blanches, de belles dents et les montrer. Il est fort propre; sa mise, sévère et élégante, sent le Gentilhomme qu'il prétend, et ne dépare ni le mari ni l'amant, qu'il trouverait tout simple de cumuler. Si même il tombe si facilement dans le piège que lui tend Elmire, c'est que sa vanité ne s'étonne point de la voir prête à lui céder, car il n'en doit pas être à sa première bonne fortune, et ce n'est pas la première fois qu'il a dû vaincre avec ses déclarations d'amour et ses distinctions atténuées du péché sans scandale et du plaisir sans peur. Mais il exagère sa douceur, son onction, son humilité, son détachement et ses extases ; c'est parce qu'il pose, — ce qui se voit, — c'est pour dépasser la mesure qu'il est possible de s'en défier, et, une fois qu'on y regarde, de n'en pas être dupe et de s'en défendre. Rien de plus compliqué que les apparences qu'il se donne, mais, avant l'éclat de la fin, il est tout en nuances et demande plus de finesse et de souplesse que de force et surtout de violence.

Sur un autre point, on a trop voulu trouver les modèles réels des personnages que Molière aurait copiés, et là-dessus on a beaucoup affirmé, mais sans preuves.

Ainsi le Prince de Conti, c'est Orgon et, de plus, c'est aussi Don Juan, qui pourtant ne se ressemblent guère. Certes le livre écrit par le Prince contre la Comédie, le Théâtre et les Comédiens, dans le feu et l'exagération, par là-même sincère, de sa conversion, a dû fort ennuyer et inquiéter Molière, mais, si l'attaque violente du Prince parut au plein de la bagarre et de la proscription de *Tartuffe*, Molière n'a pas eu à s'en préoccuper ni dans *Tartuffe*, qui est de 1664, ni dans *Don Juan*, qui est de 1665 ; la publication, qui est de 1666, n'a pu contribuer qu'à la seconde défense de 1667. D'ailleurs s'attaquer à un Prince de si grande Maison, que tout le monde aurait reconnu s'il avait été visé, aurait été, de la part de Molière, une imprudence aussi maladroite que celle de Roullé vis-à-vis de Turenne, et, quoique Louis XIV n'eût pas lieu d'être bien disposé pour un frère de Mme de Longueville, il aurait certainement trouvé fort mauvais et n'eût pas pardonné qu'on prît à parti quelqu'un de si haut placé et qui le touchait de si près. On oublie que c'était le propre frère du prince de Condé, et l'on a vu la conduite de celui-ci dans l'affaire de *Tartuffe*. Comment aurait-il pris que Molière eût arrangé de la sorte sa famille sur le théâtre, et comment, Molière, défendu par lui dès le premier jour et se faisant honneur de cette protection, se fût-il laissé emporter à une pareille violence ? Comment en 1668 lui eût-il dédié *Amphitryon* ? L'attribution est impossible.

Maintenant, Tartuffe est-il quelqu'un en particulier, et est-ce, d'après nature, un portrait unique et personnel ? On a cité trop de noms pour qu'aucun soit vrai.

Le fait raconté à Molière par Ninon de Lenclos d'un dépôt, fait pour une moitié à elle-même et pour l'autre à un dévot plus qu'indélicat, est, par là-même, de toutes façons en dehors puisque Molière ne l'a connu que par la lecture de son œuvre faite par lui à Ninon.

Tallemant des Réaux n'en nomme pas seulement un, mais deux, l'Abbé de Pons qui aurait fait une déclaration d'amour à Ninon, et aussi Charpy, Sieur de Sainte-Croix ; celui-là aurait empaumé, comme Tartuffe Mme Pernelle, et circonvenu une dévote, ancienne Femme de chambre d'Anne d'Autriche, et aurait fait la cour à sa belle-fille, alors que le mari croyait bonnement à l'amitié et à l'innocence du galant. Sont-ce des personnages bien dignes du théâtre, et que pouvaient-ils faire à Molière et au public, qui ne les connaissait certes pas ?

Un autre nom serait plus considérable ; c'est celui de l'Abbé Roquette. Ces deux mauvaises langues de Bussy et de Saint-Simon l'ont dit formellement, et à leur suite tout le monde l'a répété. Que l'Abbé ait été ambitieux, intrigant même ; qu'il ait été plus que le courtisan du prince de Conti, surtout avant sa conversion, c'est incontestable ; a-t-il été galant, l'on n'en sait rien et il n'importe. Il ne serait pas le seul *dévot* qui ait été ambitieux, intrigant, courtisan, et qui ait donné des coups de canif dans le contrat de ses vœux. Mais dès qu'il a été évêque d'Autun, de 1667 à 1702, il n'a laissé que de bons souvenirs ; il a bien administré et défendu son diocèse dans des circonstances difficiles ; il a demandé et obtenu pour lui du Roi, qui le considérait, plus d'un bienfait et d'une faveur. Qu'y a-t-il de lui dans Tartuffe, un doigt ou un bout d'oreille ?

C'est en groupant ensemble les traits épars que l'observation lui avait fournis, en les accumulant, en les grossissant, que Molière a créé son type, qu'il a réuni en lui les deux hypocrisies de la luxure et de l'avidité, qu'il l'a mis sur pied, qu'il l'a fait vivre et agir. Tartuffe, c'est Tartuffe et pas autre chose ; c'est l'hypocrite, et son parti pris d'employer et d'exploiter la religion pour en venir à ses fins ne fait qu'aggraver son hypocrisie et que la rendre plus honteuse et plus haïssable.

D'une façon plus générale, il y a sur *Tartuffe* deux courants d'opinion si contradictoires qu'ils se détruisent l'un par l'autre. Les uns affirment qu'il est dirigé contre les Jésuites, les autres contre les Jansénistes ; ils ne sont pas près de s'entendre, et le plus sage serait de les renvoyer dos à dos.

Molière a passé par les mains des Jésuites. L'on sait au XVIIe siècle la valeur pédagogique et le juste succès de leurs Collèges, et surtout de leur Collège de Clermont, celui même où Molière a passé quelques années de sa jeunesse. Il a même, et presque certainement, dû conserver un bon souvenir de ses maîtres ; Voltaire, qui est venu plus tard s'asseoir sur les mêmes bancs, a toujours été reconnaissant pour le P. Porée et le P. Brumoy. De leur côté, les maîtres se souviennent aussi de ceux de leurs élèves qui, devenus quelqu'un, font, même sur un tout autre terrain, honneur à eux et à la Maison ; on est facilement pour eux plus juste et plus indulgent à la fois. C'est ce qui est arrivé aux Jésuites. Un abbé toulousain, Jean Maury, imprime en 1664, la première année du *Tartuffe*, un *Theatrum universæ vanitatis*, et dans l'un de ses exemplaires on a trouvé une longue pièce d'hexamètres latins, panégyrique enthousiaste de Molière. Il y avait donc de son temps des Prêtres qui l'estimaient et qui l'admiraient, mais la pièce, qu'on n'a signalée et imprimée que de nos jours, ne compte pas parmi les témoignages contemporains en ce sens qu'il n'a pas été public, et de plus Maury n'était pas de la Compagnie de Jésus. Mais, alors qu'un autre Archevêque de Paris s'opposait à l'inhumation ecclésiastique et ne cédait, moins qu'à demi, que devant la volonté du Roi, trois Pères Jésuites, le P. Vavasseur, le P. Rapin, le P. Bouhours, écrivirent et publièrent sur le coup des épitaphes élogieuses du Comédien. Si l'on n'a pas à s'étonner de celle de son ami La Fontaine, les leurs, pour ne pas être aussi belles, sont, pour le milieu du temps, bien autrement considérables, et celle du P. Bouhours ne craint même pas de faire un éloge direct de ce qui était un monstre à d'autres yeux : « Ta Muse, en jouant l'Hypocrite, — A redressé les faux dévots. » Ils étaient tous les trois des membres de leur Ordre aussi honorés que considérables. Se seraient-ils permis, auraient-ils pu avoir l'imprudence, l'idée même de regretter et de louer un homme qui les aurait joués et vilipendés ? Ils étaient dans le monde, le Confesseur du Roi était toujours l'un des leurs ; comment, si *Tartuffe* eût été contre eux, ce que tout le public aurait vu, dit et répété, auraient-ils pu l'ignorer ? S'ils l'avaient cru, comment auraient-ils pris la parole pour louer leur ennemi, et, dans ce cas, comment eussent-ils échappé à la gravité d'un désaveu ? Cela ne se tient pas.

L'opinion que *Tartuffe* est une charge à fond de train contre les Jansénistes, est celle qui a maintenant le plus de partisans, et ils sont de deux sortes, dans le monde religieux et dans celui qui ne l'est pas. Pour les uns, c'est œuvre de commande, faite par ordre du Roi.

Après la représentation des *Fâcheux* à la Fête de Vaux, Louis XIV a dit à Molière qu'il en avait oublié un, le Chasseur. Molière l'a inséré, ce qui était possible, puisque les Fâcheux sont une succession de scènes et de portraits séparés, où l'on pouvait ajouter comme retrancher. Il se trouve que le monologue de M. de Soyecourt, qui, pour sa passion cynégétique, n'en pouvait pas moins être un parfait galant homme, qui ne s'en est pas fâché et en a peut-être ri tout le premier, est un des plus heureux morceaux de cette comédie à tiroirs. Louis XIV a bien fait d'indiquer le thème à Molière et Molière de lui complaire; ils ont eu raison tous les deux, et c'est nous qui en profitons.

Mais dire à quelqu'un, l'un fût-il le Roi et l'autre Molière : « Vous allez faire une Pièce contre les Jansénistes; vous allez en prendre un, le représenter comme un hypocrite de piété, comme un infâme coquin, dont il faut écraser la tête comme celle d'une vipère, et vous allez écrire un chef-d'œuvre », cela sort du possible et même du vraisemblable.

En quoi Tartuffe ressemble-t-il aux Jansénistes, qui n'ont jamais à leur compte de hontes ni de saletés d'aucun genre; leurs ennemis n'auraient pas manqué de les leur jeter à la face et d'en triompher. Leurs vertus même sont déplaisantes; ils sont étroits, rigides, intolérants, durs pour les autres comme pour eux-mêmes, obstinés jusqu'à l'héroïsme, maladroits à merveille malgré les finesses et les distinctions de leur défense, les plus mauvais opportunistes du monde, toujours dans l'opposition, à la fois contre Rome et contre le Roi, et non pas avec une opposition déguisée et sourdement habile, mais d'une façon hautaine, publiquement orgueilleuse malgré leur volonté d'humilité. Ce qu'ils pensent, ce qu'ils croient, ils le proclament, ils l'affichent, ils l'impriment et leur inébranlable fidélité à leur foi ne cède pas à la persécution. Au moyen âge, on en aurait fait des autodafés; au XVIIe siècle, on les traque, on les éparpille, on les chasse, on les condamne, on les exile, on les poursuit un par un et une par une. Voilà d'étranges Tartuffes, qui se sacrifient eux-mêmes à leurs idées et qui, loin d'en vouloir tirer profit, y perdent et y consument inutilement toutes leurs forces et toute leur vie.

Sur le Théâtre, aussi bien antique que moderne, et comme suite du Paganisme, les Jansénistes avaient l'opinion des Pères de l'Eglise, des sermonnaires du moyen âge, des prédicateurs de tous les temps, au nombre desquels on regrette de trouver Bossuet et Bourdaloue, qui dans le même sermon tonne encore plus longuement sur les hypocrites de dévotion que sur *Tartuffe*. C'était pour eux l'horreur de Babylone, l'abomination de la désolation, et la rudesse sincère de leur bonne foi ne reculait pas plus devant les injustices et les injures qu'elle ne faisait quand il s'agissait de flageller et d'anathématiser tous les vices et tous les crimes des pécheurs. Le mépris irrité que les Jansénistes avaient du Théâtre est abstrait et général; il n'est pas personnel, et ils n'ont jamais pris le *Tartuffe* à partie. Molière et eux ne se sont jamais ni rencontrés, ni combattus; c'eût été pour eux lui donner une importance et lui reconnaître une valeur qu'il n'avait pas à leurs yeux et qu'ils ignoraient. Saint Augustin, les propositions de Jansénius, le Formulaire et la question de la signature étaient, et on le comprend, leur grande et leur unique affaire.

D'ailleurs, on oublie vraiment trop que, si Louis XIV était contre les Jansénistes, s'il a été vis-à-vis d'eux comme envers les Protestants par la révocation de l'Edit de Nantes, c'est lui qui a défendu *Tartuffe*, non pas une fois, mais deux et pendant cinq ans. Ainsi, celui qui aurait indiqué le sujet et l'aurait commandé, est celui même qui l'étrangle. Voilà une singulière façon de traiter ce qui ne serait que l'exécution de son ordre. Ne serait-il pas aussi bien étonnant d'être si bien servi? Il serait vraiment trop heureux et trop commode, pour faire produire un chef-d'œuvre, de n'avoir qu'à l'ordonner. Combien, dans la littérature de tous les temps et de tous les pays, citerait-on de chefs-d'œuvre faits sur commande comme un habit ou comme un dîner. La liste en serait si peu longue que le papier sur lequel on voudrait l'écrire aurait plus que des chances de rester vierge et de s'arrêter avant la première ligne.

En réalité, la question est bien plus générale. Qu'a été personnellement Molière au point de vue religieux? Son œuvre est-elle anti-catholique et anti-religieuse?

Molière, dont quelques-uns, dans leur haine posthume du Jansénisme qui est pourtant bien mort, veulent de nos jours faire un défenseur de l'Eglise, n'était pas plus dévot qu'anti-religieux? Le prendre pour un athée, ce qui est une vantardise et un mot plus qu'une réalité, et pour un «libertin» comme Desbarreaux et ses amis, serait de même une grossière erreur. Il n'y a pas à invoquer les vers insignifiants que sa complaisance a écrits pour une gravure de Confrérie, mais il était, de race et de naissance, catholique comme la majorité des Français de son temps. Il avait, dans sa famille, une Religieuse dont il s'est occupé; le Registre de La Grange constate ses charités volontaires pour Saint-Eustache et pour les Capucins, c'est même l'origine du droit des pauvres sur les théâtres; il logeait et il hébergeait au besoin des Religieuses de passage. Quand, le 17 février 1673, on le rapporta du théâtre pour mourir, il en avait chez lui deux, qui l'ont assisté, qui l'ont veillé dans ses derniers moments, et le Curé d'Auteuil, qui le connaissait comme il connaissait Boileau, a l'honneur de s'être employé, avec sa veuve, à essayer d'obtenir la justice funéraire qu'on tenait à refuser au cadavre de ce misérable comédien, dont le génie avait eu le tort d'avoir fait trop de bruit. Si le prêtre, qu'il a peut-être demandé, qu'en tous cas on a envoyé chercher, était venu, il aurait humblement et sérieusement reçu les derniers Sacrements en pleine connaissance et avec respect. Ce peut n'être la faute de personne s'ils lui ont manqué, mais ce n'est pas davantage la sienne.

Pourtant il doit bien n'avoir été qu'un catholique à gros grains. Il était à côté et en dehors; les questions théologiques de la grâce et du libre-arbitre n'étaient pas son affaire, et il n'avait ni le goût ni le loisir de s'en occuper; mais, en lui supposant même un sentiment inconscient de scepticisme général, tempéré par l'indulgence un peu triste de sa nature bienveillante, comme la majorité de ses contemporains, comme la bourgeoisie dont il sortait, il était de la religion de son pays et de son temps. En Grèce et à Rome, il eût de même été païen, et, comme Socrate venant de boire la ciguë, il eût bien pu demander qu'on sacrifiât un coq à Esculape; mais jamais il n'a été un contempteur ni un ennemi de la religion.

Au fond et en fait, il a mis au pilori, et, de même qu'autrefois on marquait un criminel à l'épaule, il a brûlé d'un fer rouge, dont le feu grésille encore, les infamies que peuvent commettre des misérables en s'affublant d'un manteau vénérable et vénéré. Cela s'est vu, se voit et se verra, mais c'est cela qui a ameuté et qui ameute contre *Tartuffe* et contre Molière.

Est-il donc le seul, est-il seulement le premier qui ait raillé et stigmatisé l'hypocrisie? Tartuffe a autant d'ancêtres qu'il aura de petits-fils. La trame et la chaîne de la Comédie de Molière sont bien de son invention, mais son modèle, au lieu d'être unique, est, par malheur, éternellement humain. Dans la littérature, qu'est-ce que le Faux-Semblant de notre vieux *Roman de la Rose*, la Célestine Espagnole de Hernando de Rojas, l'*Ipocrito* de l'Arétin, la Ma cette de Régnier, et le Montufar de Scarron, que Molière n'ignorait pas plus que la Satire de Du Lorens ? Si, dans les écrivains sacrés, il fallait réunir et citer tout ce que les Pères de l'Eglise, les grands saints, les sermonnaires et les polémistes religieux de tous les temps, même du sien, ont écrit dans leurs livres ou lancé du haut de la chaire pour stigmatiser comme lui l'hypocrisie religieuse, un volume ne suffirait pas pour transcrire les belles pages que son dégoût leur ont inspirées. Est-ce un privilège qui leur soit réservé et ont-ils seuls le droit de parler et de condamner la honte du vice et d'en inspirer l'horreur ?

Si Molière porte la peine de sa vaillante franchise, c'est par suite d'un sentiment très humain, très sincère, légitime même dans une certaine mesure. Dans tous les Corps, que ce soit le Clergé, l'Armée, la Magistrature, la Finance, s'il se rencontre des brebis galeuses, s'il se commet une action infâme et déshonorante, tout ce qui est honnête craint que l'opinion, grandissant et généralisant la faute, ne la fasse porter à l'état de suspicion et de blâme contre ceux qui n'en méritent pas et que le bien ne soit ainsi injustement atteint et souillé par le mal. Il faut que l'affaire ait fait éclat pour qu'on se résigne à la publier, à la poursuivre publiquement parce qu'on ne peut et qu'on ne doit pas faire autrement. Mais, s'il est possible, tout en condamnant, en punissant, en coupant le membre gangrené, non pas de protéger et de défendre, mais de couvrir et de perdre le coupable dans l'ombre du silence, c'est à ce parti qu'on se résigne pour ne pas discréditer et compromettre le Corps. A tout prix, l'on pense qu'il vaut mieux, tantôt par pitié pour la famille innocente, tantôt dans l'intérêt général de la Société, étouffer le scandale et ne pas le laisser produire. Tartuffe n'a pas vécu, mais Molière l'a fait vivre, et *Tartuffe* est un scandale, que, comme tel, il est bon de taire et auquel il faut ôter la parole. C'est là ce qui a éveillé les colères des sots de bonne foi, des véreux, qui ont crié d'autant plus fort que par là ils se défendaient eux-mêmes, et aussi de très honnêtes gens. C'est le mot espagnol : « Ne touchez pas à la Reine, » et, comme le dit si plaisamment Sneer à Puff dans *Le critique, ou la répétition d'une tragédie*, de Sheridan : « No scandal, I hope, about the Queen Elizabeth. »

Le premier Empereur, en homme politique qui se défie des terrains brûlants, n'était pas d'un autre avis. Il a pourtant plus d'une fois, et sur son ordre, fait jouer *Tartuffe* devant lui ; le mal n'était plus à faire et l'œuvre était classique, mais il a hautement déclaré que, si la Pièce avait été écrite sous son règne, il n'en aurait jamais permis la représentation.

Dans Athènes, Anitus et Aristophane, nous le voyons dans ses *Nuées*, auraient été de l'avis de Napoléon, et, de notre temps, la défiance, le blâme, la condamnation de *Tartuffe* ont, plus d'une fois, repris la parole, et de très haut. Veuillot, qui était un Catholique, M. Scherer, qui était un Protestant, ont eu contre Molière la même colère haineuse et des violences bien voisines. Pour le premier, avec l'emportement fougueux de son éloquent réquisitoire, la Pièce est coupable et l'auteur un malhonnête homme. Pour l'autre, ce qui n'est pas moins raide, la Pièce est mauvaise, et Molière un déplorable écrivain, dont le français est fort contestable; pas mal de très habiles gens ne demanderaient pas mieux que d'arriver à la hauteur ou même d'approcher seulement un peu de cette médiocrité. Mais l'un est un demi-prêtre, et l'autre un demi-pasteur; si nous pouvions avoir l'opinion d'un Grand-Prêtre païen, d'un Marabout ou d'un Bonze, ils penseraient de même et, au fond, pour les mêmes raisons; demandez à Homenaz ce qu'il pense des contempteurs des sacro-saintes Décrétales. Louis XIV a été plus large et plus libéral; mais, pour avoir soulevé des colères encor bouillonnantes, il faut que Molière ait touché bien juste. Comme l'a si bien dit Sainte-Beuve, toutes les fois qu'il y a un retour d'hypocrisie officielle, *Tartuffe* n'est plus admiré comme chef-d'œuvre; on s'en sert comme arme de guerre; il redescend dans l'arène et redevient de l'actualité.

D'ailleurs ce qu'il y a là-dessus de plus sensé et de plus juste, c'est un contemporain qui l'a dit, et excellemment, en 1665, c'est-à-dire au plus fort de la première bataille. Les beaux vers, que Boileau n'a pas craint d'adresser directement à Louis XIV sont dans le *Discours au Roi*, qu'il a mis en tête des *Satires*. Rien de plus connu, mais personne ne se plaindra de le relire une fois de plus :

> *Le mal est qu'en rimant ma Muse un peu légère,*
> *Nomme tout par son nom, et ne sauroit se taire;*
> *C'est là ce qui fait peur aux esprits de ce temps,*
> *Qui, tout blancs au dehors, sont tout noirs au dedans.*
> *Ils tremblent qu'un censeur, que sa verve encourage,*
> *Ne vienne en ses écrits démasquer leur visage,*
> *Et, fouillant dans leurs mœurs en toute liberté,*
> *N'aille du fond du puits tirer la Vérité.*

Tous ces gens, éperdus au seul nom de Satire,
Font d'abord le procès à quiconque ose rire ;
Ce sont eux que l'on voit, d'un discours insensé,
Publier dans Paris que tout est renversé,
Au moindre bruit qui court qu'un Auteur les menace
De jouer des Bigots la trompeuse grimace.
Pour eux un tel ouvrage est un monstre odieux,
C'est offenser les lois, c'est s'attaquer aux Cieux ;
Mais, bien que d'un faux zèle ils masquent leur foiblesse,
Chacun voit qu'en effet la vérité les blesse.
En vain d'un lâche orgueil leur esprit revêtu
Se couvre du manteau d'une austère vertu ;
Leur cœur, qui se connoist et qui fuit la lumière,
S'il se mocque de Dieu, craint Tartuffe — *et Molière.*

Si l'on pouvait se permettre d'ajouter des épigraphes à *Tartuffe*, on n'aurait vraiment que l'embarras du choix. Il serait piquant de les prendre dans saint Jérôme, qui, dans une de ses *Lettres* à Eustochie, la fille de Paula, tonne contre les prêtres et les moines hypocrites, et dans sa lettre à Rusticus, contre les moines coureurs d'héritage ; Molière dit-il autre chose ? Mais son Tartuffe n'est qu'un laïque.

La plus noble et la plus juste épigraphe serait la belle *Sentence* du Syrien Publius, célèbre à Rome, du temps de César, pour ses Mimes :

Malus, bonum ubi se simulet, tunc pessimus est.

Quand le méchant se couvre de l'habit de l'honnête homme, c'est alors qu'il est le plus exécrable et le plus dangereux.

On ne saurait mieux penser et mieux dire que le vieux Comique ; il a d'avance, en quelques mots nerveux, flétri les machinations de l'Imposteur en même temps qu'il venge l'honnêteté et la moralité de *Tartuffe*.

Enfin, à côté de la querelle religieuse, il y a aussi une querelle littéraire. Molière a revu deux fois son œuvre de 1664 et les modifications de 1669 ont dû être moins importantes que celles de 1667. Sur ce point nous avons le témoignage formel du second Placet :

« Ma Comédie, Sire, n'a pu jouir ici — c'est-à-dire à Paris — des bontés de Votre Majesté. En vain je l'ai produite sous le titre de *l'Imposteur*, et j'ai déguisé le personnage sous l'ajustement d'un Homme du monde. J'ai eu beau lui donner un petit chapeau, de grands cheveux, un grand collet, une épée et des dentelles sur tout l'habit, mettre en plusieurs endroits des adoucissements et retrancher avec soin tout ce que j'ai jugé capable de fournir l'ombre d'un prétexte. »

La *Lettre sur l'Imposteur* est le seul témoignage sur les différences entre le troisième remaniement et le second. En dernier lieu, Molière a changé des détails de place, par exemple celui sur la gentilhommerie de Tartuffe ; il en a fait passer d'un personnage à un autre, ainsi de Cléante à Dorine et de Dorine à Cléante; il a retranché toute une scène à la fin du second acte; une longue déduction de Tartuffe sur les adresses des Directeurs a disparu; il a coupé ce que l'Exempt disait sur l'horreur personnelle du Roi pour l'hypocrisie. On voit de quel prix est aujourd'hui cette *Lettre sur l'Imposteur*, qu'on ne saurait là-dessus trop relire et étudier; mais, sur l'état du *Tartuffe* en 1664 il faut nous résigner à ne rien savoir; nous n'avons rien.

Grâce à Molière, nous pouvons conclure que Tartuffe y avait les cheveux courts, un grand chapeau, un petit collet, pas d'épée ni de dentelles. Son costume était donc moins mondain, car de penser que sur les planches d'un théâtre on eût osé montrer au XVIIe siècle le costume complet d'un prêtre est inadmissible. Le rabat lui-même était commun à l'Eglise et à la Robe, et l'habit sombre et sévère d'un Magistrat dans sa maison se rapprochait assez du costume ecclésiastique à la ville pour être parfaitement suffisant. Aussi Molière n'a pas maintenu le costume trop cavalier de 1667 ; dans la gravure de l'une des éditions de 1669, Tartuffe, sans épée, a le petit chapeau et le grand manteau.

On a même prétendu que la première pièce n'aurait eu que trois actes ; mais les deux premiers ne sont que l'exposition, dont la personne de Tartuffe est absente, et l'action ne s'engage qu'au troisième. Sans aller jusque-là, on a supposé qu'il n'était pas question du projet du mariage de Tartuffe et que l'amour de Marianne et de Valère ne s'y trouvait pas davantage. C'est pure imagination ; il faut se résigner, en l'absence de tout document, à ne rien savoir des hardiesses et des différences de la pièce à sa première apparition.

Pour d'autres, le dénouement pourrait bien n'avoir pas toujours été ce qu'il est, mais n'être qu'un adroit placage et qu'un replâtrage intéressé. Toute donation en effet est attaquable et révocable pour cause d'indignité, et d'ailleurs Orgon n'est pas le maître de la totalité de sa fortune; il n'a qu'une quantité disponible à léguer ou à donner; il a des enfants et une Femme, dont les droits et les réserves sont fixés et garantis par la Loi. Par là, le dénouement, où Louis XIV apparaît comme le *Deus ex machinâ* du poëte romain, est faux et mauvais. La Harpe, au xviiie siècle, et plus tard M. Scribe, qui connaissait pourtant mieux que personne les *ficelles* et les conventions du théâtre, l'ont défendu avec raison et l'ont trouvé fort bon et très en place. Les détails et les délais juridiques de la Loi et de la Coutume n'ont que faire de passer du Palais à la Scène; ils ne peuvent que ralentir l'action, qui est la raison même du théâtre. La surprise et le coup de tonnerre du dénouement royal est au contraire tout à fait dans les conditions dramatiques; il est inattendu, clair, bref et nettement décisif. Ce n'est pas un pis aller, ce n'est pas une finesse et une courtisanerie de la dernière heure pour se concilier le Roi; il ne pouvait pas y en avoir de meilleur, et Molière, dès le premier moment, a dû concevoir de cette façon la solution de son intrigue et le couronnement de son œuvre.

Anatole de Montaiglon.

PRÉFACE

VOICY une Comédie dont on a fait beaucoup de bruit, qui a esté longtemps persécutée, et les Gens qu'elle joue ont bien fait voir qu'ils estoient plus puissans en France que tous ceux que j'ay jouez jusques icy. Les Marquis, les Précieuses, les Cocus, et les Médecins, ont souffert doucement qu'on les ait représentez, et ils ont fait semblant de se divertir, avec tout le monde, des peintures que l'on a faites d'eux. Mais les Hipocrites n'ont point entendu raillerie; ils se sont effarouchez d'abord, et ont trouvé étrange que j'eusse la hardiesse de jouer leurs grimaces, et de vouloir décrier un métier dont tant d'honnestes Gens se meslent. C'est un crime qu'ils ne sçauroient me pardonner, et ils se sont tous armez contre ma Comédie avec une fureur épouvantable. Ils n'ont eu garde de l'attaquer par le costé qui les a blessez; ils sont trop politiques pour cela, et sçavent trop bien vivre pour découvrir le fond de leur âme. Suivant leur louable coutume, ils ont couvert leurs intérests de la cause de Dieu, et le *Tartuffe*, dans leur bouche, est une Piéce qui offense la Piété. Elle est d'un bout à l'autre pleine d'abominations, et l'on n'y trouve rien qui ne mérite le feu. Toutes les sillabes en sont impies; les gestes mesme y sont criminels, et le moindre coup d'œil, le moindre branlement de teste, le moindre pas à droit ou à gauche, y cache des mystères, qu'ils trouvent moyen d'expliquer à mon désavantage. J'ay eu beau la soumettre aux lumières de mes Amis et à la censure de tout le monde. Les corrections que j'y ay pu faire; le jugement du Roy et de la Reyne, qui l'ont veue; l'approbation des grands Princes, et de Messieurs les Ministres, qui l'ont honorée publiquement de leur présence; le témoignage des Gens de bien qui l'ont trouvée profitable, tout cela n'a de rien servi. Ils n'en veulent point démordre, et tous les jours encore ils font crier en public des zélèz indiscrets, qui me disent des injures pieusement, et me damnent par charité.

Je me soucîrois fort peu de tout ce qu'ils peuvent dire, n'estoit l'artifice qu'ils ont de me faire des Ennemis que je respecte, et de jeter dans leur party de véritables Gens de bien, dont ils préviennent la bonne foy, et qui, par la chaleur qu'ils ont pour les intérests du Ciel, sont faciles à recevoir les impressions qu'on veut leur donner. Voilà ce qui m'oblige à me défendre. C'est aux vrais Dévots que je veux partout me justifier sur la conduite de ma Comédie, et je les conjure de tout mon cœur de ne point condamner les choses avant que de les voir; de se défaire de toute prévention, et de ne point servir la passion de ceux dont les grimaces les des-honorent.

Si l'on prend la peine d'examiner de bonne foy ma Comédie, on verra sans doute que mes intentions y sont partout innocentes, et qu'elle ne tend nullement à jouer les choses que l'on doit révérer; que je l'ay traitée avec toutes les précautions que me demandoit la délicatesse de la matière, et que j'ay mis tout l'art, et tous les soins qu'il m'a été possible pour bien distinguer le personnage de l'Hipocrite d'avec celuy du vray Dévot. J'ay employé pour cela deux Actes entiers à préparer la venue de mon Scélérat. Il ne tient pas un seul moment l'Auditeur en balance; on le connoist d'abord aux marques que je luy donne, et, d'un bout à l'autre, il ne dit pas un mot, il ne fait pas une action qui ne peigne aux Spectateurs le caractère d'un méchant Homme, et ne fasse éclater celuy du véritable Homme de bien, que je luy oppose.

Je sçay bien que, pour réponce, ces Messieurs tâchent d'insinuer que

PRÉFACE

ce n'est point au Théâtre à parler de ces matières; mais je leur demande, avec leur permission, sur quoy ils fondent cette belle maxime. C'est une Proposition qu'ils ne font que supposer et qu'ils ne prouvent en aucune façon, et, sans doute, il ne seroit pas difficile de leur faire voir que la Comédie, chez les Anciens, a pris son origine de la Religion et faisoit partie de leurs Mystères; que les Espagnols, nos voisins, ne célèbrent guère de Feste où la Comédie ne soit mêlée; et que mesme, parmy nous, elle doit sa naissance aux soins d'une Confrairie, à qui apartient encore aujourd'huy l'Hostel de Bourgogne; que c'est un lieu qui fust donné pour y représenter les plus importants mystères de nostre Foy; qu'on en voit encore des Comédies imprimées en lettres Gothiques sous le nom d'un Docteur de Sorbonne; et, sans aller chercher si loin, que l'on a joué, de nostre temps, des Pièces saintes de Monsieur de Corneille, qui ont esté l'admiration de toute la France.

Si l'employ de la Comédie est de corriger les vices des Hommes, je ne vois pas par quelle raison il y aura des privilégiez. Celuy-cy est, dans l'Etat, d'une conséquence bien plus dangereuse que tous les autres, et nous avons vu que le Théâtre a une grande vertu pour la correction. Les plus beaux traits d'une sérieuse Morale sont moins puissans, le plus souvent, que ceux de la Satyre, et rien ne reprend mieux la pluspart des Hommes que la peinture de leurs défauts. C'est une grande atteinte aux vices que de les exposer à la risée de tout le monde. On souffre aisément des répréhensions; mais on ne souffre point la raillerie. On veut bien estre meschant; mais on ne veut point estre ridicule.

On me reproche d'avoir mis des termes de piété dans la bouche de mon Imposteur; et pouvois-je m'en empescher, pour bien représenter le caractère d'un Hipocrite? Il suffit, ce me semble, que je fasse connoistre les motifs criminels qui luy font dire les choses, et que j'en aye retranché les termes consacrez, dont on auroit eu peine à luy entendre faire un mauvais usage. — Mais il débite au quatrième Acte une Morale pernicieuse. — Mais cette Morale est-elle quelque chose dont tout le monde n'eust les oreilles rebattues? Dit-elle rien de nouveau dans ma Comédie, et peut-on craindre que des choses si généralement détestées fassent quelque impression dans les esprits; que je les rende dangereuses en les faisant monter sur le Théâtre; qu'elles reçoivent quelque authorité de la bouche d'un Scélérat? Il n'y a nulle apparence à cela, et l'on doit aprouver la Comédie du *Tartuffe*, ou condamner généralement toutes les Comédies.

C'est à quoy l'on s'attache furieusement depuis un temps, et jamais on ne s'estoit si fort déchaîné contre le Théâtre. Je ne puis pas nier qu'il n'y ait eu des Pères de l'Église qui ont condamné la Comédie; mais on ne peut pas me nier aussi qu'il n'y en ait eu quelques-uns qui l'ont traitée un peu plus doucement. Ainsi l'authorité, dont on prétend appuyer la censure, est détruite par ce partage; et toute la conséquence qu'on peut tirer de cette diversité d'opinions en des Esprits éclairez des mêmes lumières, c'est qu'ils ont pris la Comédie différemment, et que les uns l'ont considérée dans sa pureté, lors que les autres l'ont regardée dans sa corruption et confondue avec tous ces vilains Spectacles qu'on a eu raison de nommer des Spectacles de turpitude.

Et en effet, puisqu'on doit discourir des choses, et non pas des mots, et que la plupart des contrariétez viennent de ne se pas entendre, et d'envelopper dans un mesme mot des choses opposées, il ne faut qu'oster le voile de l'équivoque et regarder ce qu'est la Comédie en soy, pour voir si elle est condamnable. On connoistra, sans doute, que, n'estant autre chose qu'un Poëme ingénieux qui, par des leçons agréables, reprend les défauts des Hommes, on ne sauroit la censurer sans injustice. Et, si nous voulons ouïr là-dessus le témoignage de l'Antiquité, elle nous dira que ses plus célèbres Philosophes ont donné des louanges à la Comédie, eux qui faisoient profession d'une sagesse si austère et qui crioient sans cesse après les vices de leur Siècle. Elle nous fera voir qu'Aristote a consacré des veilles au Théâtre, et s'est donné le soin de réduire en préceptes l'art de faire des Comédies. Elle nous apprendra que de ses plus grands Hommes, et des premiers en dignité, ont fait gloire d'en composer eux-mêmes; qu'il y en a eu d'autres qui n'ont pas dédaigné de réciter en public celles qu'ils avoient composées; que la Grèce a fait pour cet Art éclater son estime, par les Pris glorieux et par les superbes Théâtres dont elle a voulu l'honorer, et que, dans Rome enfin, ce mesme Art a reçu aussi des honneurs extraordinaires. Je ne dis pas dans Rome débauchée, et sous la licence des Empereurs, mais dans Rome disciplinée, sous la sagesse des Consuls, et dans le temps de la vigueur de la Vertu Romaine.

J'avoüe qu'il y a eu des temps où la Comédie s'est corrompuë. Et qu'est-ce que dans le Monde on ne corrompt point tous les jours ? Il n'y a chose si innocente où les Hommes ne puissent porter du crime ; point d'Art si salutaire dont ils ne soient capables de renverser les intentions ; rien de si bon en soy qu'ils ne puissent tourner à de mauvais usages. La Médecine est un art profitable, et chacun la révère comme une des plus excellentes choses que nous ayons ; et cependant il y a eu des temps où elle s'est renduë odieuse, et souvent on en a fait un art d'empoisonner les Hommes. La Philosophie est un présent du Ciel ; elle nous a été donnée pour porter nos esprits à la connoissance d'un Dieu par la contemplation des merveilles de la Nature, et pourtant on n'ignore pas que souvent on l'a détournée de son emploi, et qu'on l'a occupée publiquement à soutenir l'impiété. Les choses, mesme les plus saintes, ne sont point à couvert de la corruption des Hommes ; et nous voyons des Scélérats qui, tous les jours, abusent de la Piété, et la font servir méchamment aux crimes les plus grans. Mais on ne laisse pas pour cela de faire les distinctions qu'il est besoin de faire. On n'enveloppe point dans une fausse conséquence la bonté des choses que l'on corrompt, avec la malice des corrupteurs. On sépare toujours le mauvais usage d'avec l'intention de l'Art ; et, comme on ne s'avise point de défendre la Médecine, pour avoir esté bannie de Rome, ny la Philosophie, pour avoir esté condamnée publiquement dans Athènes, on ne doit point aussi vouloir interdire la Comédie pour avoir esté censurée en de certains temps. Cette censure a eü ses raisons, qui ne subsistent point icy. Elle s'est renfermée dans ce qu'elle a pu voir, et nous ne devons point la tirer des bornes qu'elle s'est données ; l'étendre plus loin qu'il ne faut, et lui faire embrasser l'innocent avec le coupable. La Comédie qu'elle a eu dessein d'attaquer n'est point du tout la Comédie que nous voulons défendre. Il se faut bien garder de confondre celle-là avec celle-cy. Ce sont deux Personnes, de qui les mœurs sont tout à fait oposées. Elles n'ont aucun rapport l'une avec l'autre que la ressemblance du nom ; et ce seroit une injustice épouvantable que de vouloir condamner Olimpe, qui est Femme de bien, parce qu'il y a eu une Olimpe qui a été une Débauchée. De semblables Arrests, sans doute, feroient un grand désordre dans le Monde. Il n'y auroit rien, par là, qui ne fust condamné ; et, puisque l'on ne garde point cette rigueur à tant de choses dont on abuse tous les jours, on doit bien faire la même grâce à la Comédie, et aprouver les Pièces de Théâtre où l'on verra régner l'instruction et l'honnesteté.

Je sçay qu'il y a des Esprits dont la délicatesse ne peut souffrir aucune Comédie ; qui disent que les plus honnestes sont les plus dangereuses ; que les passions que l'on y dépeint sont d'autant plus touchantes qu'elles sont pleines de vertu ; et que les âmes sont attendries par ces sortes de représentations. Je ne voy pas quel grand crime c'est que de s'attendrir à la veue d'une passion honneste ; et c'est un haut étage de vertu que cette pleine insensibilité où ils veulent faire monter nostre âme. Je doute qu'une si grande perfection soit dans les forces de la nature humaine ; et je ne sçay s'il n'est pas mieux de travailler à rectifier et adoucir les passions des Hommes, que de vouloir les retrancher entièrement. J'avoue qu'il y a des lieux qu'il vaut mieux fréquenter que le Théâtre ; et, si l'on veut blâmer toutes les choses qui ne regardent pas directement Dieu, et nostre salut, il est certain que la Comédie en doit estre, et je ne trouve point mauvais qu'elle soit condamnée avec le reste ; mais, suposé, comme il est vrai, que les exercices de la Piété souffrent des intervalles, et que les Hommes aient besoin de divertissement, je soutiens qu'on ne leur en peut trouver un qui soit plus innocent que la Comédie. Je me suis étendu trop loin. Finissons par un mot d'un grand Prince sur la Comédie du *Tartuffe*.

Huit jours après qu'elle eût esté défendue, on représenta devant la Cour une Pièce intitulée *Scaramouche ermite*, et le Roy, en sortant, dit au Prince que je veux dire : *Je voudrois bien savoir pourquoy les Gens qui se scandalisent si fort de la Comédie de Molière ne disent mot de celle de Scaramouche ?* A quoy le Prince répondit : — *La raison de cela, c'est que la Comédie de Scaramouche joue le Ciel et la Religion, dont ces Messieurs-là ne se soucient point ; mais celle de Molière les joue eux-mesmes. C'est ce qu'ils ne peuvent souffrir.*

Extrait du Privilège du Roy.

Par Grâce et Privilège du Roy, donné à Paris le 15 jour de Mars 1669, signé : *Par le Roy en son Conseil* D'ALENCÉ, et scellé du grand Sceau de cire jaune, il est permis à J.-B. P. DE MOLIÈRE de faire imprimer, vendre et débiter, par tel Libraire ou Imprimeur qu'il voudra choisir, une Pièce de Théâtre de sa composition, intitulée L'IMPOSTEUR, pendant le temps et espace de dix années, à commencer du jour que ladite Pièce sera achevée d'imprimer pour la première fois, et Défenses sont faites à tous autres Libraires ou Imprimeurs de l'imprimer, faire imprimer, vendre et débiter, sans le consentement de l'Exposant, ou de ceux qui auront droict de luy ; à peine aux contrevenans de six mille livres d'amende, confiscation des exemplaires contrefaits, et de tous despens, dommages et intérests, ainsi qu'il est porté plus au long par ledit Privilège.

Registré sur le Livre de la Communauté, suivant l'Arrest de la Cour du Parlement du 8 avril 1653.

Signé : A. SOUBRON.

Achevé d'imprimer pour la première fois le 23 mars 1669.

LE LIBRAIRE

AU LECTEUR

Comme *les moindres choses qui partent de la plume de Monsieur de Molière ont des beautez que les plus délicats ne se peuvent lasser d'admirer, j'ai cru ne devoir pas négliger l'occasion de vous faire part de ces placets et qu'il est à propos de les joindre à* Tartuffe *puisque partout il est parlé de cette incomparable Pièce.*

PREMIER PLACET

PRÉSENTÉ AU ROY SUR LA COMÉDIE DU TARTUFFE

SIRE,

Le devoir de la Comédie estant de corriger les hommes en les divertissant, j'ay cru que, dans l'employ où je me trouve, je n'avois rien de mieux à faire que d'attaquer par des peintures ridicules les vices de mon siècle; et, comme l'Hipocrisie, sans doute, en est un des plus en usage, des plus incommodes et des plus dangereux, j'avois eu, SIRE, la pensée que je ne rendrois pas un petit service à tous les honnestes Gens de vostre Royaume, si je faisois une Comédie qui décriast les Hipocrites et mist en veue, comme il faut, toutes les grimaces estudiées de ces Gens de bien à outrance, toutes les friponneries couvertes de ces Faux-Monnoyeurs en dévotion, qui veulent attraper les Hommes avec un zèle contrefait et une charité sophistique.

Je l'ay faite, SIRE, cette Comédie, avec tout le soin, comme je croy, et toutes les circonspections que pouvoit demander la délicatesse de la matière; et, pour mieux conserver l'estime et le respect qu'on doit aux vrais Dévots, j'en ay distingué, le plus que j'ay pu, le caractère que j'avois à toucher; je n'ay point laissé d'équivoque, j'ay ôté ce qui pouvoit confondre le bien avec le mal, et ne me suis servy, dans cette peinture, que des couleurs expresses et des traits essentiels qui font reconnoistre d'abord un véritable et franc Hipocrite.

Cependant toutes mes précautions ont esté inutiles. On a profité, SIRE, de la délicatesse de vostre âme sur les matières de Religion, et l'on a sçeu vous prendre par l'endroit seul que vous estes prenable, je veux dire par le respect des choses saintes. Les Tartuffes, sous mains, ont eu l'adresse de trouver grâce auprès de Vostre Majesté, et les Originaux enfin ont fait supprimer la Copie, quelque innocente qu'elle fust et quelque ressemblante qu'on la trouvast.

Bien que ce m'ait été un coup sensible que la suppression de cet ouvrage, mon malheur pourtant estoit adoucy par la manière dont Vostre Majesté s'estoit expliquée sur ce sujet, et j'ay cru, Sire, qu'elle m'ostoit tout lieu de me plaindre, ayant eu la bonté de déclarer qu'elle ne trouvoit rien à dire dans cette Comédie, qu'elle me défendoit de produire en public.

Mais, malgré cette glorieuse déclaration du plus grand Roy du Monde et du plus éclairé, malgré l'approbation encore de Monsieur le Légat, et de la plus grande partie de nos Prélats, qui tous, dans les lectures particulières que je leur ay faites de mon ouvrage, se sont trouvés d'accord avec les sentiments de Vostre Majesté; malgré tout cela, dis-je, on voit un livre, composé par le Curé de..., qui donne hautement un démenty à tous ces augustes témoignages. Vostre Majesté a beau dire, et Monsieur le Légat, et mesme les Prélats, ont beau donner leur jugement; ma Comédie, sans l'avoir veue, est diabolique, et diabolique mon cerveau; je suis un Démon, vestu de chair et habillé en Homme, un Libertin, un Impie digne d'un supplice exemplaire. Ce n'est pas assez que le feu expie en public mon offense, j'en serois quitte à trop bon marché; le zèle charitable de ce galant Homme de bien n'a garde de demeurer là; il ne veut point que j'aye de miséricorde auprès de Dieu, il veut absolument que je sois damné : c'est une affaire résolue.

Ce Livre, Sire, a été présenté à Vostre Majesté et, sans doute, elle juge bien Elle-mesme combien il m'est fâcheux de me voir exposé tous les jours aux insultes de ces Messieurs; quel tort me feront dans le Monde de telles calomnies, s'il faut qu'elles soient tollérées; et quel intérest j'ay enfin à me purger de son imposture, et à faire voir au public que ma Comédie n'est rien moins que ce qu'on veut qu'elle soit. Je ne diray point, Sire, ce que j'avois à demander pour ma réputation, et pour justifier à tout le Monde l'innocence de mon ouvrage. Les Roys éclairez comme vous n'ont pas besoin qu'on leur marque ce qu'on souhaitte; ils voyent, comme Dieu, ce qu'il nous faut, et sçavent mieux que nous ce qu'ils nous doivent accorder. Il me suffit de mettre mes intérests entre les mains de Vostre Majesté, et j'attends d'elle, avec respect, tout ce qu'il lui plaira d'ordonner là-dessus.

SECOND PLACET

PRÉSENTÉ AU ROY

DANS SON CAMP DEVANT LA VILLE DE LISLE EN FLANDRE

SIRE,

C'est une chose bien téméraire à moy que de venir importuner un grand Monarque au milieu de ses glorieuses Conquestes; mais, dans l'état où je me voy, où trouver, SIRE, une protection, qu'au Lieu où je la viens chercher? Et qui puis-je solliciter contre l'autorité de la Puissance qui m'accable, que la source de la Puissance et de l'Autorité, que le juste Dispensateur des ordres absolus, que le souverain Juge et le Maistre de toutes choses?

Ma Comédie, SIRE, n'a pu jouir icy des bontés de VOSTRE MAJESTÉ. En vain je l'ay produite sous le titre de *l'Imposteur*, et déguisé le personnage sous l'ajustement d'un homme du monde. J'ay eu beau lui donner un petit chapeau, de grands cheveux, un grand collet, une épée, et des dentelles sur tout l'habit; mettre en plusieurs endroits des adoucissemens et retrancher avec soin tout ce que j'ay jugé capable de fournir l'ombre d'un prétexte aux célèbres Originaux du portrait que je voulois faire; tout cela n'a de rien servy. La Cabale s'est réveillée aux simples conjectures qu'ils ont pu avoir de la chose. Ils ont trouvé moyen de surprendre des Esprits qui, dans toute autre matière, font une haute profession de ne se laisser surprendre. Ma Comédie n'a pas plutôt paru qu'elle s'est vue foudroyée par le coup d'un pouvoir qui doit imposer du respect; et tout ce que j'ay pu faire en cette rencontre, pour me sauver moy-mesme de l'éclat de cette tempeste, c'est de dire que Vostre Majesté avoit eu la bonté de m'en permettre la représentation, et que je n'avois pas cru qu'il fust besoin de demander cette permission à d'autres, puisqu'il n'y avoit qu'Elle seule qui me l'eust défendue.

Je ne doute point, Sire, que les gens que je peins dans ma Comédie ne remuent bien des ressorts auprès de Vostre Majesté, et ne jettent dans leur parti, comme ils ont déjà fait, de véritables gens de bien, qui sont d'autant plus prompts à se laisser tromper qu'ils jugent d'autruy par eux-mesmes. Ils ont l'art de donner de belles couleurs à toutes leurs intentions ; quelque mine qu'ils fassent, ce n'est point du tout l'intérest de Dieu qui les peut émouvoir ; ils l'ont assez montré dans les Comédies qu'ils ont souffert qu'on ait jouées tant de fois en public, sans en dire le moindre mot. Celles-là n'attaquoient que la Piété et la Religion, dont ils se soucient fort peu ; mais celle-cy les attaque et les joue eux-mesmes, et c'est ce qu'ils ne peuvent souffrir. Ils ne sçauroient me pardonner de dévoiler leurs impostures aux yeux de tout le monde ; et, sans doute, on ne manquera pas de dire à Vostre Majesté que chacun s'est scandalisé de ma Comédie. Mais la vérité pure, Sire, c'est que tout Paris ne s'est scandalisé que de la défense qu'on en a faite, que les plus scrupuleux en ont trouvé la représentation profitable, et qu'on s'est étonné que des Personnes d'une probité si connue ayent eu une aussi grande déférence pour des Gens qui devroient être l'horreur de tout le Monde, et sont si opposés à la véritable Piété dont elles font profession.

J'attens avec respect l'Arrest que Vostre Majesté daignera prononcer sur cette matière ; mais il est très assuré, Sire, qu'il ne faut plus que je songe à faire des Comédies, si les Tartuffes ont l'avantage ; qu'ils prendront droit par là de me persécuter plus que jamais, et voudront trouver à redire aux choses les plus innocentes qui pourront sortir de ma plume.

Daignent vos bontez, Sire, me donner une protection contre leur rage envenimée, et puissé-je, au retour d'une Campagne si glorieuse, délasser Vostre Majesté des fatigues de ses Conquestes, luy donner d'innocents plaisirs après de si nobles travaux, et faire rire le Monarque qui fait trembler toute l'Europe !

TROISIÈME PLACET

PRÉSENTÉ AU ROY

SIRE,

Un fort honneste Médecin, dont j'ay l'honneur d'être le Malade, me promet et veut s'obliger, par-devant Notaires, de me faire vivre encore trente années, si je puis luy obtenir une grâce de VOSTRE MAJESTÉ. Je luy ai dit, sur sa promesse, que je ne luy demandois pas tant, et que je serois satisfait de luy, pourvu qu'il s'obligeast de ne me point tuer. Cette grâce, SIRE, est un Canonicat de Vostre Chapelle Royale de Vincennes, vaccant par la mort de...

Oserois-je demander encore cette grâce à VOSTRE MAJESTÉ, le propre jour de la grande résurrection de Tartuffe, ressuscité par vos bontés ? Je suis, par cette première faveur, réconcilié avec les Dévots, et je le serois, par cette seconde, avec les Médecins. C'est pour moy, sans doute, trop de grâce à la fois ; mais peut-être n'en est-ce pas trop pour VOSTRE MAJESTÉ, et j'attends, avec un peu d'espérance respectueuse, la réponse de mon Placet.

LETTRE SUR LA COMÉDIE
DE
L'IMPOSTEUR

M DC LXVII

AVIS

Cette Lettre est composée de deux parties ; la première est une Relation de la représentation de *l'Imposteur*, et la dernière consiste en deux réflexions sur cette Comédie.

Pour ce qui est de la Relation, on a cru qu'il estoit à propos d'avertir ici que l'auteur n'a vu la Pièce qu'il rapporte que la seule fois qu'elle a esté représentée en public, et sans aucun dessein d'en rien retenir, ne prévoyant pas l'occasion qui l'a engagé à faire ce petit ouvrage ; ce qu'on ne dit point pour le loüer de bonne mémoire, qui est une qualité pour qui il a tout le mépris imaginable, mais bien pour aller au-devant de ceux qui ne seront pas contens de ce qui est inséré des paroles de la Comédie dans cette Relation parce qu'ils voudroient voir la Pièce entière, et qui ne seront pas assez raisonnables pour considérer la difficulté qu'il y a eue à en retenir seulement ce qu'on en donne ici.

L'auteur s'est contenté, la plupart du tems, de rapporter à peu près les mesmes mots, et ne se hazarde guère à mettre des vers. Il lui estoit bien aisé, s'il eust voulu, de faire autrement et de mettre tout en vers ce qu'il rapporte, de quoi quelques gens se seroient peut-estre mieux accommodez; mais il a cru devoir le respect au Poète dont il raconte l'ouvrage, quoiqu'il ne l'ait jamais vu que sur le Théâtre, de ne point travailler sur sa matière, et de ne se hazarder pas à défigurer ses pensées, en leur donnant peut-estre un tour autre que le sien. Si cette retenue et cette sincérité ne produisent pas un effet fort agréable, on espère du moins qu'elles paroistront estimables à quelques-uns, et excusables à tous.

Des deux réflexions qui composent la dernière partie, on n'auroit point vu la plupart de la dernière, et l'auteur n'auroit fait que la proposer sans la prouver, s'il en avoit esté cru, parce qu'elle lui sembla trop spéculative; mais il n'a pas esté le maistre. Toutefois, comme il se défie extrêmement de la délicatesse des esprits du siècle qui se rebutent à la moindre apparence de dogme, il n'a pu s'empêcher d'avertir dans le lieu mesme, comme on verra, ceux qui n'aiment pas le raisonnement, qu'ils n'ont que faire de passer outre. Ce n'est pas qu'il n'ait fait tout ce que la brièveté du tems et ses occupations de devoir lui ont permis pour donner à son Discours l'air le moins contraint, le plus libre et le plus dégagé qu'il a pu; mais, comme il n'est point de genre d'écrire plus difficile que celui-là, il avoue de bonne foi qu'il auroit encore besoin de cinq ou six mois pour mettre le seul Discours du Ridicule, non pas dans l'état de perfection dont la matière est capable, mais seulement dans celui qu'il est capable de lui donner.

En général, on prie les lecteurs de considérer la circonspection dont l'auteur a usé dans cette matière, et de remarquer que, dans tout ce petit ouvrage, il ne se trouvera pas qu'il juge en aucune manière de ce qui est en question sur la Comédie qui en est le sujet; car, pour la première partie, ce n'est, comme on a déjà dit, qu'une Relation fidèle de la chose, et de ce qui s'en est dit pour et contre par les intelligens; et, pour les réflexions qui composent l'autre, il n'y parle que sur des suppositions, qu'il n'examine point.

Dans la première il suppose l'innocence de cette Pièce quant au particulier de tout ce qu'elle contient, ce qui est le point de la question, et s'attache simplement à combattre une objection générale qu'on a faite sur ce qu'il a parlé de la Religion, et, dans la dernière, continuant sur la mesme supposition, il propose une utilité accidentelle qu'il croit qu'on en peut tirer contre la Galanterie et les Galans, utilité qui assurément est grande si elle est véritable, mais qui, quand elle le seroit, ne justifieroit pas les défauts essentiels que les Puissances ont trouvez dans cette Comédie, si tant est qu'ils y soient, ce qu'il n'examine point.

C'est ce qu'on a cru devoir dire par avance, pour la satisfaction des gens sages et pour prévenir la pensée que le titre de cet ouvrage leur pourroit donner qu'on manque au respect qui est dû aux Puissances; mais aussi, après avoir eu cette déférence et ce soin pour le jugement des hommes et leur avoir rendu un témoignage si précis de sa conduite, s'ils n'en jugent pas équitablement, l'auteur a sujet de s'en consoler puisqu'il ne fait enfin que ce qu'il croit devoir à la Justice, à la Raison et à la Vérité.

LETTRE SUR LA COMÉDIE
DE
L'IMPOSTEUR

ONSIEUR, — Puisque c'est un crime pour moy que d'avoir esté à la première représentation de *l'Imposteur*, que vous avez manquée, et que je ne saurois en obtenir le pardon qu'en réparant la perte que vous avez faite et qu'il vous plaist de m'imputer, il faut bien que j'essaye de rentrer dans vos bonnes grâces, et que je fasse violence à ma paresse pour satisfaire vostre curiosité.

Imaginez-vous donc de voir d'abord paroistre une Vieille, qu'à son air et à ses habits on n'auroit garde de prendre pour la mère du maistre de la maison si le respect et l'empressement avec lequel elle est suivie de diverses personnes, très propres et de fort bonne mine, ne la faisoient connoistre. Ses paroles et ses grimaces témoignent également sa colère et l'envie qu'elle a de sortir d'un lieu, où elle avoue franchement *qu'elle ne peut plus demeurer, voyant la manière de vie qu'on y mène*. C'est ce qu'elle décrit d'une merveilleuse sorte, et, comme son Petit-fils ose luy respondre, elle s'emporte contre luy et luy fait son portrait avec les couleurs les plus naturelles et les plus aigres qu'elle peut trouver, et conclut *qu'il y a longtemps qu'elle a dit à son Pére qu'il ne seroit jamais qu'un vaurien.* Autant en fait-elle pour le mesme sujet à sa Bru, au Frère de sa Bru, et à sa Suivante. La passion qui l'anime luy fournissant des paroles, elle reüssit si bien, dans tous ces caractères si différens, que le Spectateur, ôtant de chacun d'eux ce qu'elle y met du sien, c'est-à-dire l'austérité ridicule du temps passé avec laquelle elle juge de l'esprit et de la conduite d'aujourd'huy, connoist tous ces gens-là mieux qu'elle-mesme, et reçoit une volupté très sensible d'estre informé, dès l'abord, de la nature des personnages par une voie si fidèle et si agréable.

Sa connoissance n'est pas bornée à ce qu'il voit, et le caractère des absens résulte de celuy des présens. On voit fort clairement, par tout le discours de la Vieille, qu'elle ne jugeroit pas si rigoureusement des déportemens de ceux à qui elle parle s'ils avoient autant de respect, d'estime et d'admiration que son Fils et elle pour M. Panulphe ; que toute leur méchanceté consiste *dans le peu de vénération qu'ils ont pour ce saint homme, et dans le déplaisir qu'ils tesmoignent de la déférence et de l'amitié avec laquelle il est traité par le maistre de la maison ; que ce n'est pas merveille qu'ils le haïssent comme ils font, censurant leur méchante vie comme il fait, et qu'enfin la vertu est toujours persécutée.*

Les autres, se voulant défendre, achèvent le caractère du saint personnage, mais pour tant seulement comme d'un zélé indiscret et ridicule. Et, sur ce propos, le Frère de la Bru commence déjà à faire voir quelle est la véritable dévotion par rapport à celle de M. Panulphe, de sorte que le venin, s'il y en a à tourner la bigoterie en ridicule, est presque précédé par le contre-poison. Vous remarquerez, s'il vous plaist, que pour achever la peinture de ce bon Monsieur, on luy a donné un Valet, duquel, quoiqu'il n'ait point à paroistre, on fait un caractère tout semblable au sien, c'est-à-dire, selon Aristote, qu'on dépeint le Valet pour faire mieux connoistre le Maistre.

La Suivante, sur ce propos, continuant de se plaindre des réprimandes continuelles de l'un et de l'autre, expose, entre autres, le chapitre sur lequel M. Panulphe est plus fort, *c'est à crier contre les visites que reçoit*

Madame; et dit sur cela, voulant seulement plaisanter et faire enrager la Vieille et sans qu'il paroisse qu'elle se doute déjà de quelque chose, *qu'il faut assurément qu'il en soit jaloux,* ce qui commence cependant à rendre croyable l'amour brutal et emporté qu'on verra aux Actes suivants dans le saint personnage. Vous pouvez croire que la Vieille n'écoute pas cette raillerie, qu'elle croit impie, sans s'emporter horriblement contre celle qui la fait; mais, comme elle voit que toutes ses raisons ne persuadent point ces esprits obstinez, elle recourt aux authoritez et aux exemples, et leur apprend les étranges jugemens que font les Voisins de leur manière de vivre. Elle appuye particulièrement sur une Voisine, dont elle propose l'exemple à sa Bru comme un modèle de vertu parfaite et de *la manière qu'il faudroit qu'elle vécust,* c'est-à-dire à la Panulphe.

La Suivante repart aussitôt que *la sagesse de cette Voisine a attendu sa vieillesse, et qu'il luy faut bien pardonner si elle est prude, parce qu'elle ne l'est qu'à son corps défendant.* Le frère de la Bru continue par un caractère sanglant qu'il fait de l'humeur des gens de cet âge, *qui blâment tout ce qu'ils ne peuvent plus faire.*

Comme cela touche la Vieille de fort près, elle entreprend avec grande chaleur de répondre, sans pourtant tesmoigner se l'appliquer en aucune façon, ce que nous ne faisons jamais, dans ces occasions, pour avoir un champ plus libre à nous défendre, en feignant d'attaquer simplement la thèse proposée, et à évaporer toute nostre bile contre ce qui nous pique de cette manière subtile, sans qu'il paroisse que nous le fassions pour nostre interest.

Pour remettre la Vieille de son émotion, le Frère continue, sans faire semblant d'appercevoir le désordre où son discours l'a mise, et, pour un exemple de Bigoterie qu'elle avoit apporté, il en donne six ou sept, qu'il propose, soutient et prouve l'estre, de la véritable vertu, nombre qui excède de beaucoup celuy des Bigots allignez par la Vieille, pour aller au devant des jugemens malicieux ou libertins, qui voudroient induire de l'avanture, qui fait le sujet de cette Piéce, qu'il n'y a point ou fort peu de véritables gens de bien, en témoignant, par ce dénombrement, que le nombre en est grand en soy, voire très grand, si on le compare à celuy des fieffez Bigots, qui ne réüssiroient pas si bien dans le Monde s'ils estoient en si grande quantité.

Enfin la Vieille sort, de colère et, estant encore dans la chaleur de la dispute, donne un soufflet sans aucun sujet à la petite fille sur qui elle s'appuye, qui n'en pouvoit mais. Cependant le Frère, parlant d'elle et l'appelant *la bonne femme*, donne occasion à la Suivante de mettre la dernière main à ce ravissant caractère, en luy disant *qu'il n'auroit qu'à l'appeler ainsi devant elle, qu'elle luy diroit bien qu'elle le trouve bon, et qu'elle n'est point d'âge à mériter ce nom.*

Ensuite, ceux qui sont restez parlent d'affaires et exposent qu'ils sont en peine de faire achever un mariage, qui est arresté depuis longtemps, d'un fort brave Cavalier avec la Fille de la maison, et que pourtant le Père de la Fille diffère fort obstinément. Ne sachant quelle peut estre la cause de ce retardement, ils l'attribuent fort naturellement au principe général de toutes les actions de ce pauvre homme coëffé de M. Panulphe, c'est-à-dire à M. Panulphe mesme, sans toutefois comprendre pourquoy ny comment il peut en estre la cause. Et là on commence à rafiner le caractère du saint personnage, en montrant, par l'exemple de cette affaire domestique, comment les Dévots, ne s'arrestant pas simplement à ce qui est plus directement de leur métier qui est de critiquer et mordre, passent au delà, sous des prétextes plausibles, à s'ingérer dans les affaires les plus secrètes et les plus séculières des familles.

Quoique la Dame se trouvast assez mal, elle estoit descendue, avec bien de l'incommodité, dans cette salle basse, pour accompagner sa Belle-mère : ce qui commence à former admirablement son caractère, tel qu'il le faut pour la suite, d'une vraye femme de bien, qui connoist parfaitement ses véritables devoirs et qui y satisfait jusqu'au scrupule. Elle se retire avec la Fille dont est question, nommée Marianne, et le Frère de cette Fille, nommé Damis, après estre tombez d'accord tous ensemble que le Frère de la Dame pressera son Mary pour avoir de luy une dernière réponse sur le mariage.

La Suivante demeure avec ce Frère, dont le personnage est tout à fait heureux, dans cette occasion, pour faire rapporter, avec vraysemblance et bienséance, à un homme qui n'est pas de la maison, quoi qu'intéressé pour sa Sœur dans tout ce qui s'y passe, de quelle manière M. Panulphe y est traité. Cette Fille le fait admirablement. Elle conte comment *il tient le haut de la table aux repas ;* comment *il est servi le premier de tout ce qu'il y a de meilleur ;* comment *le maistre de la maison et luy ne se traitent que de frères.* Enfin, comme elle est en beau chemin, Monsieur arrive.

Il luy demande d'abord *ce qu'on fait à la maison,* et en reçoit, pour réponse, que *Madame se porte assez mal ;* à quoy sans répliquer il continue : *Et Panulphe ?* La Suivante, contrainte de répondre, luy dit brusquement que *Panulphe se porte bien.* Sur quoy l'autre s'écrie, d'un ton meslé d'admiration : *Le pauvre homme !* La Suivante revient d'abord à l'incommodité de sa Maîtresse ; par trois fois est interrompue de mesme, répond de mesme, et revient de mesme ; ce qui est la manière du monde la plus heureuse et la plus naturelle de produire un caractère aussi outré que celuy de ce bon Seigneur, qui paroist de cette sorte d'abord dans le plus haut degré de son entestement ; ce qui est nécessaire afin que le changement qui se fera en luy quand il sera désabusé, qui est proprement le sujet de la Pièce, paroisse d'autant plus merveilleux au Spectateur.

C'est icy que commence le caractère le plus plaisant et le plus étrange des Bigots ; car, la Suivante ayant dit que *Madame n'a point soupé* et que Monsieur ayant répondu, comme j'ay dit : *Et Panulphe ?* elle réplique qu'*il a mangé deux perdrix et quelque rôty outre cela,* ensuite qu'*il a fait la nuit toute d'une pièce* sur ce que *sa Maîtresse n'avoit point dormy,* et qu'*enfin le matin, avant que de sortir, pour réparer le sang qu'avoit perdu Madame, il a bu quatre coups de bon vin pur.* Tout cela, dis-je, le fait connoistre premièrement pour un homme très sensuel et fort gourmand, ainsi que le sont la pluspart des Bigots.

La Suivante s'en va, et, les Beaux-Frères restans seuls, le sage prend occasion, sur ce qui vient de se passer, de pousser l'autre sur le chapitre de son Panulphe. Cela semble affecté, non nécessaire, et hors de propos à quelques-uns ; mais d'autres disent que, quoique ces deux hommes ayent à parler ensemble d'autre chose de conséquence, pourtant la constitution de cette Pièce est si heureuse que, l'Hypocrite étant cause, directement ou indirectement, de tout ce qui s'y passe, on ne sauroit parler de luy qu'à propos. Qu'ainsi ne soit, ayant fait entendre aux Spectateurs, dans la scène précédente, que Panulphe gouverne absolument l'homme dont est question, il est fort naturel que son Beau-Frère prenne une occasion aussi favorable que celle-cy pour luy reprocher l'extravagante estime qu'il a pour ce Cagot, qu'on croit estre cause de la méchante disposition d'esprit où est le bon homme touchant le mariage dont il s'agit, comme je l'ay déjà dit.

Le bon Seigneur donc, pour se justifier pleinement sur ce chapitre à son Beau-Frère, se met à luy conter *comment il a pris Panulphe en amitié*. Il dit que véritablement *il estoit aussi pauvre des biens temporels que riche des éternels*. Qualité commune presque à tous les Bigots, qui, pour l'ordinaire ayant peu de moyens et beaucoup d'ambition sans aucun des talents nécessaires pour la satisfaire honnêtement, résolus cependant de l'assouvir à quelque prix que ce soit, choisissent la voye de l'hypocrisie, dont les plus stupides sont capables, et par où les plus fins se laissent duper.

Le bon homme continue qu'*il le voyoit à l'église prier Dieu avec beaucoup d'assiduité et de marques de ferveur*; que, pour peu qu'on luy donnast, il disoit bientost : *C'est assez*, et, quand il avoit plus qu'il ne luy falloit, il l'alloit, aussitost qu'il l'avoit reçu, souvent mesme *devant ceux qui luy avoient donné, distribuer aux pauvres*.

Tout cela fait un effet admirable, en ce que, croyant parfaitement convaincre son Beau-Frère de la beauté de son choix et de la justice de son amitié pour Panulphe, le bon homme le convainc entièrement de l'hypocrisie du personnage par tout ce qu'il dit, de sorte que ce mesme discours fait un effet directement contraire sur ces deux hommes, dont l'un est aussi charmé par son propre récit de la vertu de Panulphe que l'autre demeure persuadé de sa méchanceté, ce qui joüe si bien que vous ne sauriez l'imaginer.

L'histoire du saint homme étant faite de cette sorte, et par une bouche très fidelle puisqu'elle est passionnée, finit son caractère et attire nécessairement toute la foy du Spectateur. Le Beau-Frère, plus pleinement confirmé dans son opinion qu'auparavant, prend occasion sur ce sujet de faire des réflexions très solides sur les différences qui se rencontrent entre la véritable et la fausse vertu, ce qu'il fait toujours d'une manière nouvelle.

Vous remarquerez, s'il vous plaist, que d'abord l'autre, voulant exalter son Panulphe, commence à dire que *c'est un homme*, de sorte qu'il semble qu'il aille faire un long dénombrement de ses bonnes qualitez, et tout cela se réduit pourtant à dire encore une ou deux fois : *mais un homme, un homme*, et à conclure : *un homme enfin*, ce qui veut dire plusieurs choses admirables : L'une que les Bigots n'ont pour l'ordinaire aucune bonne qualité et n'ont, pour tout mérite, que leur Bigoterie, ce qui paroist en ce que l'homme mesme qui est infatué de celuy-cy ne sait que dire pour le loüer. L'autre est un beau jeu du sens de ces mots : *C'est un homme*, qui concluent très véritablement que Panulphe est extrêmement un homme, c'est-à-dire un fourbe, un méchant, un traistre, et un animal très pervers, dans le langage de l'Ancienne Comédie ; et enfin, la merveille qu'on trouve dans l'admiration que nostre entesté a pour son Bigot, quoy qu'il ne sache que dire pour le louer, montre parfaitement le pouvoir vraiment étrange de la Religion sur les esprits des hommes, qui ne leur permet pas de faire aucune réflexion sur les défauts de ceux qu'ils estiment pieux, et qui est plus grand luy seul que celuy de toutes les autres choses ensemble.

Le bon homme, pressé par les raisonnements de son Beau-Frère, auxquels il n'a rien à répondre bien qu'il les croye mauvais, luy dit adieu brusquement, et le veut quitter sans autre réponse, ce qui est le procédé naturel des opiniastres. L'autre le retient pour luy parler de l'affaire du mariage, sur laquelle il ne luy répond qu'obliquement sans se déclarer, et enfin à la manière des Bigots qui ne disent jamais rien de positif, de peur de s'engager à quelque chose, et qui colorent toujours l'irrésolution qu'ils témoignent, de prétextes de religion. Cela dure jusqu'à ce que le Beau-Frère luy demande *un oui, ou un non*, à quoy luy, ne voulant point répondre, le quitte enfin brutalement comme il avoit déjà voulu faire, ce qui fait juger à l'autre que leurs affaires vont mal, et l'oblige d'y aller pourvoir.

La Fille de la maison commence le second Acte avec son Père. Il luy demande si *elle n'est pas disposée à luy obéir toujours* et à se conformer à ses volontez. Elle répond fort élégamment qu'ouy. Il continue, et luy demande encore *que luy semble de Monsieur Panulphe*. Elle, bien empeschée pour quoy on luy fait cette question, hésite; enfin, pressée et encouragée de répondre, dit : *Tout ce que vous voudrez*. Le Père luy dit qu'elle ne craigne point d'avouer ce qu'elle pense, et qu'elle dise hardiment, ce qu'aussi bien il devine aisément, que *les mérites de Monsieur Panulphe l'ont touchée, et qu'enfin elle l'aime*. Ce qui est admirablement dans la nature que cet homme se soit mis dans l'esprit que sa Fille trouve Panulphe aimable pour Mary, à cause que luy l'aime pour amy; n'y ayant rien de plus vray, dans les cas comme celuy-cy, que la maxime que nous jugeons des autres par nous-mesmes, parce que nous croyons toujours nos sentimens et nos inclinations fort raisonnables.

Il continue et, supposant que ce qu'il s'imagine est une vérité, il dit *qu'il la veut marier avec Panulphe, et qu'il croit qu'elle luy obéira fort volontiers quand il luy commandera de le recevoir pour Epoux*. Elle, surprise, luy fait redire, avec un *hé* de doute et d'incertitude de ce qu'elle a oüy; à quoy le Pere réplique par un autre, d'admiration de ce doute, après qu'il s'est expliqué si clairement. Enfin, s'expliquant une seconde fois, et elle, pensant bonnement sur ce qu'il a témoigné croire qu'elle aime Panulphe, que c'est peut-estre en suite de cette croyance qu'il les veut marier ensemble, luy dit, avec un empressement fort plaisant, *qu'il n'en est rien, qu'il n'est pas vray qu'elle l'aime*. De quoy le Père se mettant en colère, la Suivante survient, qui dit son sentiment là-dessus comme on peut penser. Le Père s'emporte assez longtemps contre elle sans la pouvoir faire taire; enfin, comme elle s'en va, il s'en va aussi.

Elle revient, et fait une scène, toute de reproches et de railleries, à la Fille, sur la foible résistance qu'elle fait au beau dessein de son Père, et luy dit, fort plaisamment, que, *s'il trouve son Panulphe si bien fait*, car le bon homme avoit voulu luy prouver cela, il peut l'épouser luy-mesme, si bon luy semble.

Sur ce discours Valère, Amant de cette Fille à qui elle est promise, arrive. Il luy demande d'abord *si la nouvelle qu'il a apprise* de ce prétendu *mariage est véritable*. A quoy, dans la terreur où les menaces de son Père et la surprise où ses nouveaux desseins l'ont jetée, ne répondant que foiblement et comme en tremblant, Valère continue à luy demander *ce qu'elle fera*. Interdite en partie de son aventure, en partie irritée du doute où il témoigne en quelque façon estre de son amour, elle luy répond *qu'elle fera ce qu'il luy conseillera*. Il réplique, encore plus irrité de cette réponse, que, *pour luy, il luy conseille d'épouser Panulphe*. Elle repart, sur le même ton, *qu'elle suivra son conseil*. Il témoigne s'en peu soucier, elle encore moins. Enfin ils se querellent et se brouillent si bien ensemble qu'après mille retours ingénieux et passionnez, comme ils sont prests à se quitter, la Suivante, qui les regardoit faire pour en avoir le divertissement, entreprend de les raccommoder et fait tant qu'elle en vient à bout. Ils concluent comme elle leur conseille, de ne se point voir pour quelque tems et faire semblant cependant de fléchir aux volontez du Père. Cela arresté, Dorine les fait partir, chacun de leur côté, avec plus de peine qu'elle n'en avoit eue pour les retenir quand ils avoient voulu s'en aller un peu devant.

Ce dépit amoureux semble hors de propos à quelques-uns dans cette Pièce ; mais d'autres prétendent, au contraire, qu'il représente très naïvement et très moralement la variété surprenante des principes d'agir qui se rencontrent en ce Monde dans une mesme affaire, la fatalité qui fait le plus souvent brouiller les gens ensemble quand il le faut le moins, et la sottise naturelle de l'esprit des hommes, et particulièrement des Amans, de penser à toute autre chose, dans les extrémitez, qu'à ce qu'il faut, et s'arrester alors à des choses de nulle conséquence dans ces tems là, au lieu d'agir solidement dans le véritable intérest de la passion. Cela sert, disent-ils encore, à faire mieux voir l'emportement et l'entestement du Père qui peut rompre et rendre malheureuse une amitié si belle, née par ses ordres, et l'injustice de la pluspart des bienfaits que les Dévots reçoivent des Grands, qui tournent pour l'ordinaire au préjudice d'un tiers et qui font toujours tort à quelqu'un ; ce que les Panulphes pensent estre rectifié par la considération seule de leur vertu prétendue, comme si l'iniquité devenoit innocente dans leur personne.

Outre cela, tout le monde demeure d'accord que ce dépit a cela de particulier et d'original, par dessus ceux qui ont paru jusqu'à présent sur le Théatre, qu'il naît et finit devant les Spectateurs, dans une mesme scène, et tout cela aussi vraysemblablement que faisoient tous ceux qu'on avoit veus auparavant, où ces colères amoureuses naissent de quelque tromperie faite par un tiers, ou par le hazard et, la pluspart du tems, derrière le théatre, au lieu qu'icy elles naissent divinement, à la vue des Spectateurs, de la délicatesse et de la force de la passion mesme, ce qui mériteroit de longs commentaires.

Enfin Dorine, demeurée seule, est abordée par sa Maistresse et le Frère de sa Maistresse avec Damis. Tous ensemble, parlant de ce beau mariage et ne sachant quelle autre voye prendre pour le rompre, se résolvent d'en faire parler à Panulphe mesme par la Dame, parce qu'ils commencent à croire qu'il ne la hait pas. Et par là finit l'Acte, qui laisse, comme on voit dans toutes les règles de l'art, une curiosité et une impatience extrême de savoir ce qui arrivera de cette entrevue, comme le premier avoit laissé le spectateur en suspens et en doute de la cause pourquoy le mariage de Valère et de Marianne estoit rompu, qui est expliquée d'abord à l'entrée du second, comme on a vu.

Ainsi le troisième commence par le Fils de la maison et Dorine, qui attend le Bigot au passage, pour l'arrêter, au nom de sa Maistresse, et luy demander, de sa part, une entrevue secrète. Damis le veut attendre aussi, mais enfin la Suivante le chasse. A peine l'a-t-il laissée que Panulphe paroist, criant à son Valet : *Lorent, serrez ma haire avec ma discipline*, et que, si on le demande, *il va aux prisonniers distribuer le superflu de ses deniers*. C'est peut-estre une adresse de l'Auteur, de ne l'avoir pas fait voir plus tost, mais seulement quand l'action est eschauffée; car un caractère de cette force tomberoit s'il paroissoit sans faire d'abord un jeu digne de luy, ce qui ne se pouvoit que dans le fort de l'action.

Dorine l'aborde là-dessus; mais, à peine la voit-il qu'il tire son mouchoir de sa poche et le luy présente, sans la regarder, pour mettre sur son sein qu'elle a découvert, en luy disant que *les ames pudiques par cette veue sont blessées*, et que *cela fait venir de coupables pensées*. Elle luy répond *qu'il est donc bien fragile à la tentation et que cela sied bien mal avec tant de dévotion;* que pour elle, qui n'est pas Dévote de profession, *elle n'est pas de mesme et qu'elle le verroit tout nu depuis la teste jusqu'aux pieds sans émotion aucune.* Enfin, elle fait son message, et il le reçoit avec une joie qui le décontenance et le jette un peu hors de son rolle ; et c'est icy où l'on voit représentée, mieux que nulle part ailleurs, la force de l'amour et les grands et beaux jeux que cette passion peut faire par les effets involontaires qu'elle produit dans l'âme de toutes la plus concertée.

A peine la Dame paroist que notre Cagot la reçoit avec un empressement qui, bien qu'il ne soit pas fort grand, paroist extraordinaire dans un homme de sa figure. Après qu'ils sont assis, il commence par luy rendre grâces de l'occasion qu'elle luy donne de la voir en particulier. Elle témoigne qu'il y a longtems qu'elle avoit envie aussi de l'entretenir. Il continue par des excuses *des bruits qu'il fait tous les jours pour les visites qu'elle reçoit*, et la prie de ne pas croire *que ce qu'il en fait soit par haine qu'il ait pour elle*. Elle répond qu'elle est persuadée que *c'est le soin de son Salut qui l'y oblige*. Il réplique que *ce n'est pas ce motif seul*, mais que *c'est, outre cela, par un zèle particulier* qu'il a pour elle et, sur ce propos, se met à luy conter fleurette, en termes de dévotion mystique, d'une manière qui surprend terriblement cette femme parce que, d'une part, il luy semble étrange que cet homme la cajolle, et d'ailleurs il luy prouve si bien, par un raisonnement tiré de l'amour de Dieu, qu'il la doit aimer, qu'elle ne sait comment le blâmer.

Bien des gens prétendent que l'usage de ces termes de dévotion que l'Hypocrite employe dans cette occasion, est une profanation blâmable que le Poëte en fait. D'autres disent qu'on ne peut l'en accuser qu'avec injustice, parce que ce n'est pas luy qui parle, mais l'Acteur qu'il introduit, de sorte qu'on ne sauroit luy imputer cela, non plus qu'on ne doit pas luy imputer toutes les impertinences qu'avancent les personnages ridicules des Comédies ; qu'ainsi il faut voir l'effet que l'usage de ces termes de piété de l'Acteur peut faire sur le Spectateur, pour juger si cet usage est condamnable. Et, pour le faire avec ordre, il faut supposer, disent-ils, que le Théatre est l'Ecole de l'Homme, dans laquelle les Poëtes, qui estoient les Théologiens du Paganisme, ont prétendu purger la volonté des passions par la Tragédie, et guérir l'entendement des opinions erronées par la Comédie ; que, pour arriver à ce but, ils ont cru que le plus seur moyen estoit de proposer les exemples des vices qu'ils vouloient détruire, s'imaginant, et avec raison, qu'il estoit plus à propos, pour rendre les hommes sages, de montrer ce qu'il leur falloit éviter que ce qu'ils devoient imiter. Ils allèguent des raisons admirables de ce principe, que je passe sous silence de peur d'estre trop long. Ils continuent que c'est ce que les Poëtes ont pratiqué, en introduisant des personnages passionnez dans la Tragédie, et des personnages ridicules dans la Comédie — ils parlent du Ridicule dans le sens d'Aristote, d'Horace, de Cicéron, de Quintilien et des autres Maîtres, et non pas dans celuy du peuple ; — qu'ainsi, faisant profession de faire voir de méchantes choses, si l'on n'entre dans leur intention rien n'est si aisé que de faire leur procès ; qu'il faut donc considérer si ces défauts sont produits d'une manière à en rendre la considération utile aux Spectateurs ; ce qui se réduit presque à savoir s'ils sont produits comme défauts, c'est-à-dire comme méchans et ridicules, car dès là ils ne peuvent faire qu'un excellent effet.

Or, c'est ce qui se trouve merveilleusement dans notre Hypocrite en cet endroit ; car l'usage qu'il y fait des termes de piété est si horrible de soy que, quand le Poëte auroit apporté autant d'art à diminuer cette horreur naturelle qu'il en a apporté à la faire paroistre dans toute sa force, il n'auroit pu empêcher que cela ne parust toujours fort odieux ; de sorte que, cet obstacle levé, continuent-ils, l'usage de ces termes ne peut estre regardé que de deux manières très innocentes, et de nulle conséquence dangereuse, l'une comme un voile, vénérable et révéré, que l'Hypocrite met au-devant de la chose qu'il dit pour l'insinuer, sans horreur, sous des termes qui énervent toute la première impression, que cette chose pourroit faire dans l'esprit, de sa turpitude naturelle. L'autre est, en considérant cet usage comme l'effet de l'habitude, que les Bigots ont prise de se servir de la dévotion et de l'employer partout à leur avantage, afin de paroistre agir toujours par elle, habitude qui leur est très utile en ce que le peuple, que ces gens là ont en veuë et sur qui les paroles peuvent tout, se préviendra toujours d'une opinion de sainteté et de vertu pour les gens qu'il verra parler ce langage, comme si accoutumez aux choses spirituelles, et si peu à celles du monde que, pour traiter celles-cy, ils sont contraints d'emprunter les termes de celle-là.

Et c'est icy, concluent enfin ces Messieurs, où il faut remarquer l'injustice de la grande objection qu'on a toujours fait contre cette

Piéce, qui est que, décriant les apparences de la vertu, on rend suspects ceux qui, outre cela, en ont le fond aussi bien que ceux qui ne l'ont pas, comme si ces apparences estoient les mesmes dans les uns que dans les autres; que les véritables Dévots fussent capables des affections que cette Piéce reprend dans les Hypocrites, et que la vertu n'eust pas un dehors reconnoissable de mesme que le vice.

Voilà comment raisonnent ces gens-là; je vous laisse à juger s'ils ont tort, et reviens à mon histoire.

Les choses estant dans cet état et pendant ce dévotieux entretien, notre Cagot, s'approchant toujours de la Dame, mesme sans y penser à ce qu'il semble, à mesure qu'elle s'éloigne; enfin il luy prend la main, comme par manière de geste; et pour luy faire quelque protestation qui exige d'elle une attention particulière, et, tenant cette main, il la presse si fort entre les siennes qu'elle est contrainte de luy dire : *Que vous me serrez fort*. A quoy il répond soudain à propos de ce qu'il disoit, se recueillant et s'apercevant de son transport : *C'est par excès de zèle*. Un moment après, il s'oublie de nouveau, et, promenant sa main sur le genouil de la Dame, elle luy dit, confuse de cette liberté, *ce que fait là sa main*. Il répond, aussi surpris que la première fois, *qu'il trouve son étoffe moëlleuse*, et, pour rendre plus vraisemblable cette deffaite, par un artifice fort naturel il continue de considérer son ajustement, et s'attaque *à son collet, dont le point luy semble admirable*. Il y porte la main encore pour le manier et le considérer de plus près; mais elle le repousse, plus honteuse que luy.

Enfin, enflammé par tous ces petits commencemens, par la présence d'une femme bien faite, qu'il adore et qui le traite avec beaucoup de civilité, et par les douceurs attachées à la première découverte d'une passion amoureuse, il luy fait sa déclaration dans les termes cy-dessus examinez, à quoy elle répond, *que bien qu'un tel aveu ait droit de la surprendre dans un homme aussi dévot que luy*... Il l'interrompt à ces mots, en s'écriant avec un transport fort éloquent : *Ah! pour estre dévot, on n'en est pas moins homme*. Et, continuant sur ce ton, il luy fait voir, d'autre part, les avantages qu'il y a à estre aimée d'un homme comme luy; que le commun des gens du monde, Cavaliers et autres, gardent mal un secret amoureux et n'ont rien de plus pressé, après avoir reçeu une faveur, que de s'en aller vanter ; mais que, pour ceux de son espèce; *le soin*, dit-il, *que nous avons de notre renommée est un gage assuré pour la personne aimée, et l'on trouve avec nous, sans risquer son honneur, de l'amour sans scandale, et du plaisir sans peur.* De là, après quelques autres discours, revenant à son premier sujet, il conclut *qu'elle peut bien juger, considérant son air, qu'enfin tout homme est homme, et qu'un homme est de chair.* Il s'étend admirablement là-dessus, et luy fait si bien sentir son humanité, et sa foiblesse pour elle, qu'il feroit presque pitié s'il n'estoit interrompu par Damis, qui, sortant d'un Cabinet voisin d'où il a tout ouï, et voyant que la Dame, sensible à cette pitié, promettoit au Cagot de ne rien dire pourvu qu'il la servist dans l'affaire du mariage de Marianne, dit qu'*il faut que la chose éclate*, et qu'elle soit sçeue dans le monde. Panulphe paroist surpris, et demeure muet, mais pourtant sans estre déconcerté. La Dame prie Damis de ne rien dire ; mais il s'obstine dans son premier dessein.

Sur cette contestation le Mary arrivant, il luy conte tout. La Dame avoüe la vérité de ce qu'il dit, mais en le blâmant de le dire. Son Mary les regarde l'un et l'autre d'un œil de courroux, et, après leur avoir reproché, de toutes les manières les plus aigres qu'il peut, *la fourbe mal conçeüe qu'ils luy veulent jouer ;* enfin venant à l'Hypocrite, qui cependant a médité son rolle, il le trouve qui, bien loin d'entreprendre de se justifier, par un excellent artifice se condamne et s'accuse luy-mesme, en général et sans rien spécifier, de toutes sortes de crimes, qu'il est *le plus grand des pécheurs, un méchant, un scélérat ; qu'ils ont raison de le traiter de la sorte ; qu'il doit estre chassé de la maison comme un ingrat et un infâme ; qu'il mérite plus que cela ; qu'il n'est qu'un ver, un néant ; quelques gens jusqu'icy me croyent homme de bien, mais, mon frère, on se trompe ; hélas, je ne vaux rien !*

Le bon homme, charmé par cette humilité, s'emporte contre son fils d'une étrange sorte, l'appelant vingt fois *coquin*. Panulphe, qui le voit en beau chemin, l'anime encore davantage en s'allant mettre à genoux devant Damis, et luy demandant pardon, sans dire de quoy. Le Père s'y jette aussi d'abord, pour le relever, avec des rages extrêmes contre son Fils. Enfin, après plusieurs injures, il veut l'obliger à se jeter *à genoux* devant Monsieur Panulphe et *luy demander pardon* ; mais,

Damis refusant de le faire et aimant mieux quitter la place, il le chasse et, *le deshéritant, luy donne sa malédiction*. Après, c'est à consoler Monsieur Panulphe, lui faire cent satisfactions pour les autres, et enfin luy dire qu'*il luy donne sa fille en mariage* et, avec cela, qu'*il veut luy faire une donation de tout son bien*; qu'*un Gendre vertueux comme luy vaut mieux qu'un Fils fou* comme le sien.

Après avoir exposé ce beau projet, il vient au Bigot de plus près et, avec la plus grande humilité du monde et, tremblant d'estre refusé, il luy demande, fort respectueusement, *s'il n'acceptera pas l'offre qu'il luy propose*. A quoy le Dévot répond, fort chrétiennement : *La volonté du Ciel en soit faite en toutes choses*. Cela estant arresté de la sorte avec une joïe extrême de la part du bon homme, Panulphe le prie de trouver bon qu'*il ne parle plus à sa Femme* et de ne l'obliger plus à avoir aucun commerce avec elle. A quoy l'autre répond, donnant dans le piège que luy tend l'Hypocrite, qu'*il veut au contraire qu'ils soient toujours ensemble en dépit de tout le monde*. Là dessus ils s'en vont chez le Notaire passer le contrat de mariage et la donation.

Au quatrième, le Frère de la Dame dit à Panulphe qu'il est bien aise de le rencontrer pour luy dire son sentiment sur tout ce qui se passe et luy demander *s'il ne se croit pas obligé, comme Chrétien, de pardonner à Damis*, bien loin de le faire deshériter. Panulphe luy répond que, *quant à luy, il luy pardonne de bon cœur, mais que l'intérest du Ciel ne luy permet pas d'en user autrement*. Pressé d'expliquer cet intérest, il dit que, s'il s'accommodoit avec Damis et la Dame, il donneroit sujet de croire qu'il est coupable; que les gens comme luy doivent avoir plus de soin que cela de leur réputation, et qu'enfin *on diroit qu'il les auroit recherchez de cette manière pour les obliger au silence*. Le Frère, surpris d'un raisonnement si malicieux, insiste à luy demander *si, par un motif tel que celuy-là, il croit pouvoir chasser de la maison le légitime héritier, et accepter le don extravagant que son Père luy veut faire de son bien*. Le Bigot répond à cela que, *s'il se rend facile à ses pieux desseins, c'est de peur que ce bien ne tombast en de mauvaises mains*. Le Frère s'écrie là-dessus, avec un emportement fort naturel, qu'il faut laisser au Ciel à empêcher la prospérité des méchans, et qu'il ne faut point *prendre son intérest plus qu'il ne fait luy mesme*. Il pousse quelque tems fort à propos cette excellente morale, et conclut enfin en disant au Cagot, par forme de conseil : *Ne seroit-il pas mieux qu'en personne discrète vous fissiez de céans une honnête retraite ?* Le Bigot, qui se sent pressé et piqué trop sensiblement par cet avis, luy dit : *Monsieur, il est trois heures et demie ; certain devoir chrétien m'appelle en d'autres lieux*, et le quitte de cette sorte.

Cette scène met dans un beau jour un des plus importans et des plus naturels caractères de la Bigoterie, qui est de violer les droits les plus sacrez et les plus légitimes, tels que ceux des enfans sur le bien des pères, par des exceptions, qui n'ont en effet autre fondement que l'intérest particulier des Bigots. La distinction subtile que le Cagot fait du pardon du cœur avec celuy de la conduite, est aussi une autre marque naturelle de ces gens-là, et un avant-goust de sa Théologie, qu'il expliquera cy-après en bonne occasion.

Enfin la manière dont il met fin à la conversation est un bel exemple de l'irraisonnabilité, pour ainsi dire, de ces bons Messieurs, de qui on ne tire jamais rien en raisonnant, qui n'expliquent point les motifs de leur conduite, de peur de faire tort à leur dignité par cette espèce de soumission, et qui, par une exacte connoissance de la nature de leur intérest, ne veulent jamais agir que par l'autorité seule que leur donne l'opinion qu'on a de leur vertu.

Le Frère demeuré seul, sa Sœur vient avec Marianne et Dorine. A peine ont-ils parlé quelque tems de leurs affaires communes que le Mary arrive avec un papier en sa main, disant qu'*il tient de quoy les faire tous enrager*. C'est, je pense, le contrat de mariage, ou la donation. D'abord Marianne se jette à ses genoux et le harangue si bien qu'elle le touche. On voit cela dans la mine du pauvre homme, et c'est ce qui est un trait admirable de l'entêtement ordinaire aux Bigots pour montrer comme ils se défont de toutes leurs inclinations naturelles et raisonnables. Car celuy-cy, se sentant attendrir, se ravise tout d'un coup et se disant à soymesme, croyant faire une chose fort héroïque : *Ferme, ferme, mon cœur, point de foiblesse humaine*. Après cette belle résolution il fait lever sa Fille, et luy dit que, *si elle cherche à s'humilier et à se mortifier dans un Couvent, d'autant plus elle a d'aversion pour Panulphe, d'autant plus méritera-t-elle avec luy*. Je ne sçais si c'est icy qu'il dit que Panulphe *est fort Gentilhomme*. A quoy Dorine répond : *Il le dit*. Et, sur cela, le Frère luy représente excellemment, à son ordinaire, *qu'il sied mal à ces sortes de gens de se vanter des avantages du Monde*.

Enfin, le discours retombant fort naturellement sur l'aventure de l'Acte précédent et sur l'imposture prétendue de Damis et de la Dame, le Mary, croyant les convaincre de la calomnie qu'il leur impute, objecte à sa Femme que, *si elle disoit vray* et si effectivement elle venoit d'estre poussée par Panulphe sur une matière aussi délicate, *elle auroit esté bien autrement émue qu'elle n'estoit* et qu'elle estoit trop tranquille pour n'avoir point médité de longue main cette pièce. Objection admirable, dans la nature des Bigots, qui n'ont qu'emportement en tout et qui ne peuvent imaginer que personne ait plus de modération qu'eux. La Dame répond excellemment que *ce n'est pas en s'emportant qu'on réprime le mieux les folies de cette espèce, et que souvent un froid refus opère mieux que de dévisager les gens ; qu'une honnête femme ne doit faire que rire de ces sortes d'offenses et qu'on ne sauroit mieux les punir qu'en les traitant de ridicules*.

Après plusieurs discours de cette nature, tant d'elle que des autres, pour montrer la vérité de ce dont ils ont accusé Panulphe, le bon homme persistant dans son incrédulité, on offre de luy faire voir ce qu'on luy dit. Il se moque longtems de cette proposition et s'emporte contre ceux qui la font, en détestant leur impudence. Pourtant à force de luy répéter la mesme chose, et de luy demander *ce qu'il diroit s'il voyoit ce qu'il ne peut croire*, ils le contraignent de répondre : *Je dirois, je dirois que... Je ne dirois rien, car cela ne se peut*. Trait inimitable, ce me semble, pour représenter l'effet de la pensée d'une chose sur un esprit convaincu de l'impossibilité de cette chose. Cependant on fait tant qu'on l'oblige à vouloir bien essayer ce qui en sera, ne fust-ce que pour avoir le plaisir de confondre les calomniateurs de son Panulphe. C'est à cette fin que le bon homme s'y résoud, après beaucoup de résistance. Le dessein de la Dame, qu'elle expose alors, est, après avoir fait cacher son Mary sous la table, de voir Panuple reprendre l'entretien de leur conversation précédente, et l'obliger à se découvrir tout entier par la facilité qu'elle luy fera paroître. Elle commande à Dorine de le faire venir.

Celle-cy, voulant faire faire réflexion à sa Maistresse sur la difficulté de son entreprise, luy dit qu'*il a de grands sujets de défiance extrême*, mais la Dame répond divinement qu'*on est facilement trompé par ce qu'on aime*. Principe qu'elle prouve admirablement dans la suite par expérience, et que le Poëte a jeté exprès en avant pour rendre plus vraisemblable ce qu'on doit voir.

Le Mary placé dans sa cachette et les autres sortis, elle reste seule avec luy, et luy tient à peu près ce discours : *qu'elle va faire un étrange personnage et peu ordinaire à une femme de bien, mais qu'elle y est contrainte et que ce n'est qu'après avoir tenté en vain tous les autres remèdes qu'il va entendre un langage assez dur à souffrir à un Mary dans la bouche d'une Femme, mais que c'est sa faute ; qu'au reste l'affaire n'ira qu'aussi loin qu'il voudra, et que c'est à luy de l'interrompre où il jugera à propos*. Il se cache et Panulphe vient.

C'est icy où le Poëte avoit à travailler pour venir à bout de son dessein. Aussi y a-t-il pensé par avance, et, prévoyant cette scène comme devant estre son chef-d'œuvre, il a disposé les choses admirablement pour la rendre parfaitement vraisemblable. C'est ce qu'il seroit inutile d'expliquer, parce que tout cela paroist très clairement par le discours mesme de la Dame, qui se sert merveilleusement de tous les avantages de son sujet, et de la disposition présente des choses, pour faire donner l'Hypocrite dans le panneau.

Elle commence par dire *qu'il a veu combien elle a prié Damis de se taire, et le dessein où elle estoit de cacher l'affaire; que, si elle ne l'a pas poussé plus fortement, il voit bien qu'elle a dû ne le pas faire par politique ; qu'il a vu sa surprise à l'abord de son Mary, quand Damis a tout conté*, ce qui estoit vray, mais c'estoit pour l'impudence avec laquelle Panulphe avoit d'abord soutenu et détourné la chose, *et comme elle a quitté la place, de douleur de le voir en danger de souffrir une telle confusion; qu'au reste il peut bien juger par quel sentiment elle avoit demandé de le voir en particulier, pour le prier si instamment de refuser l'offre qu'on luy fait de Marianne pour l'épouser; qu'elle ne s'y seroit pas tant interressée, et qu'il ne luy seroit pas si terrible de le voir entre les bras d'une autre si quelque chose de plus fort que la raison et l'interest de la famille ne s'en estoit meslé; qu'une femme fait beaucoup en effet, dans ses premières décla-*

rations, que de promettre le secret; qu'elle reconnoist bien que c'est tout que cela, et qu'on ne sauroit s'engager plus fortement.

Panulphe témoigne d'abord quelque doute par des interrogations qui donnent lieu à la Dame de dire toutes ces choses en y répondant. Enfin, insensiblement ému par la présence d'une belle personne qu'il adore, qui effectivement avoit reçeu avec beaucoup de modération, de retenue et de bonté, la déclaration de son amour, qui le cajolle à présent et qui le paye de raisons assez plausibles, il commence à s'aveugler, à se rendre et à croire qu'il se peut faire que c'est tout de bon qu'elle parle, et qu'elle ressent ce qu'elle dit. Il conserve pourtant encore quelque jugement, comme il est impossible à un homme fort sensé de passer tout à fait d'une extrémité à l'autre et, par un mélange admirable de passion et de défiance, il luy demande, après beaucoup de paroles, des asseurances réelles et des faveurs pour gages de la vérité de ses paroles.

Elle répond en biaisant; il réplique en pressant; enfin, après quelques façons, elle témoigne se rendre; il triomphe et, voyant qu'elle ne luy objecte plus que le péché, il luy découvre le fond de sa morale, et tâche à luy faire comprendre *qu'il hait le péché autant et plus qu'elle ne fait;* mais que, dans l'affaire dont il s'agit entre eux, *le scandale en effet est la plus grande offense, et c'est une vertu de pécher en silence;* que, quant au fond de la chose,, *il est avec le Ciel des accommodemens*, et, après une longue déduction des adresses des Directeurs modernes, il conclut que, *quand on ne se peut sauver par l'action, on se met à couvert par son intention.*

La pauvre Dame, qui n'a plus rien à objecter, est bien en peine de ce que son Mary ne sort point de sa cachette, après luy avoir fait avec le pied tous les signes qu'elle a pu. Enfin elle s'avise pour achever de le persuader et pour l'outrer tout à fait, de mettre son Cagot sur son chapitre. Elle luy dit donc *qu'il voye à la porte s'il n'y a personne qui vienne, ou qui écoute, et si par hazard son Mary ne passeroit point.* Il répond, en se disposant pourtant à luy obéir, que *son Mary est un fat, un homme préoccupé* jusqu'à l'extravagance, et de sorte *qu'il est dans un état à tout voir sans rien croire.* Excellente adresse du Poëte, qui a appris d'Aristote qu'il n'est rien de plus sensible que d'estre méprisé par ceux que l'on estime, et qu'ainsi c'estoit la dernière corde qu'il fallait faire jouer, jugeant bien que le bon homme souffriroit plus impatienment d'estre traité de Ridicule et de fat par le saint Frère que de luy voir cajoler sa Femme jusqu'au bout, quoique, dans l'apparence première et au jugement des autres, ce dernier outrage paroisse plus grand.

En effet, pendant que le galant va à la porte, le Mary sort de dessous la table et se trouve droit devant l'Hypocrite, quand il revient à la Dame pour achever l'œuvre si heureusement acheminée. La surprise de Panulphe est extrême, se trouvant le bon homme entre les bras, qui ne peut exprimer que confusément son étonnement et son admiration. La Dame, conservant toujours le caractère d'honnêteté qu'elle a fait voir jusqu'icy, paroist honteuse de la fourbe qu'elle a faite au Bigot, et luy en demande quelque sorte de pardon, en s'excusant sur la nécessité. Toutefois le Bigot ne se trouble point, conserve toute sa froideur naturelle et, ce qui est admirable, ose encore persister après cela à parler comme devant.

Et c'est où il faut reconnoistre le suprême caractère de cette sorte de gens : de ne se démentir jamais, quoy qu'il arrive; de soutenir, à force d'impudence, toutes les attaques de la Fortune; n'avoüer jamais avoir tort; détourner les choses avec plus d'adresse qu'il se peut, mais toujours avec toute l'assurance imaginable, et tout cela parce que les hommes jugent des choses plus par les yeux que par la raison; que, peu de gens estant capables de cet excès de fourberie, la pluspart ne peuvent le croire; et qu'enfin on ne sauroit dire combien les paroles peuvent sur les esprits des Hommes.

Panulphe persiste donc dans sa manière accoutumée; et, pour commencer à se justifier près de *son frère*, car il ose encore le nommer de la sorte, dit quelque chose du *dessein qu'il pouvoit avoir* dans ce qui vient d'arriver; et, sans doute, il alloit forger quelque excellente imposture, lorsque le Mary, sans luy donner loisir de s'expliquer, épouvanté de son effronterie, *le chasse de sa maison, et luy commande d'en sortir*. Comme Panulphe voit que ses charmes ordinaires ont perdu leur vertu, sachant bien que, quand une fois on est revenu de ces entêtemens extrêmes, on n'y retombe jamais; et, pour cela mesme, voyant bien qu'il n'y a plus d'espérance pour luy, il change de batterie et, sans pourtant sortir de son personnage naturel de Dévot, dont il voit bien dès là qu'il aura extrêmement besoin dans la grande affaire qu'il va entreprendre, mais, seulement comme justement irrité de l'outrage qu'on fait à son innocence, il répond à ces menaces par d'autres plus fortes, et dit que *c'est à eux à vuider la maison, dont il est le maistre* en vertu de la donation dont il a esté parlé; et, les quittant là-dessus, les laisse dans le plus grand de tous les étonnemens, qui augmente encore lorsque le bon homme se souvient d'une certaine cassette, dont il témoigne d'abord estre en extrême peine, sans dire ce que c'est, estant trop pressé d'aller voir si elle est encore dans un lieu qu'il dit. Il y court, et sa Femme le suit.

Le cinquième Acte commence par le Mary et le Frère. Le premier, étourdi de n'avoir point trouvé cette cassette, dit qu'elle est de grande conséquence, et que *la vie, l'honneur et la fortune de ses meilleurs amis, et peut-estre la sienne propre, dépendent des papiers qui sont dedans*. Interrogé pourquoy il l'avoit confiée à Panulphe, il répond que c'est encore *par principe de conscience; que Panulphe luy fit entendre que, si on venoit à luy demander ces papiers, comme tout se sait, il seroit contraint de nier de les avoir, pour ne pas trahir ses amis; que, pour éviter ce mensonge, il n'avoit qu'à les remettre dans ses mains, où ils seroient autant dans sa disposition qu'auparavant, après quoy il pourroit sans scrupule nier hardiment de les avoir.*

Enfin le bon homme explique merveilleusement à son Beau-frère, par l'exemple de cette affaire, de quelle manière les Bigots savent intéresser la conscience dans tout ce qu'ils font et ne font pas, et étendre leur empire, par cette voie, jusqu'aux choses les plus importantes et les plus éloignées de leur profession.

Le Frère fait, dans ces perplexitez, le personnage d'un véritable honnête homme, qui songe à réparer le mal arrivé, et ne s'amuse point à le reprocher à ceux qui l'ont causé, comme font la pluspart des gens, surtout quand par hazard ils ont prévu ce qu'ils voyent. Il examine mûrement les choses, et conclut, à la désolation commune, que *le fourbe estant armé de toutes ces différentes pièces régulièrement, peut les perdre de toute manière,* et que c'est une affaire sans ressource. Sur cela le Mary s'emporte si pitoyablement, et conclut, par un raisonnement ordinaire aux gens de sa sorte, *qu'il ne se fiera jamais en homme de bien.* Ce que son Beau-frère relève excellemment, en luy remontrant *sa mauvaise disposition d'esprit, qui luy fait juger de tout avec excès et l'empêche de s'arrêter jamais dans le juste milieu, dans lequel seul se trouve la justice, la raison et la vérité; que, de mesme que l'estime et la considération qu'on doit avoir pour les véritables gens de bien ne doit point passer jusqu'aux méchans, qui savent se couvrir de quelque apparence de vertu, ainsi l'horreur qu'on doit avoir pour les méchans et pour les Hypocrites ne doit point faire de tort aux véritables gens de bien, mais au contraire doit augmenter la vénération qui leur est düe quand on les connoist parfaitement.*

Là-dessus la Vieille arrive, et tous les autres. Elle demande d'abord *quel bruit c'est qui court d'eux par le Monde ?* Son Fils répond que c'est que *Monsieur Panulphe le veut chasser de chez luy, et le dépouiller de tout son bien, parce qu'il l'a surpris caressant sa Femme.* La Suivante sur cela, qui n'est pas si honnête que le Frère, ne peut s'empêcher de s'écrier : *Le pauvre homme !* comme le Mary faisoit au premier Acte touchant le mesme Panulphe. La Vieille, encore entêtée du saint personnage, n'en veut rien croire, et sur cela, enfile un long lieu commun *de la médisance et des méchantes langues*. Son Fils luy dit qu'il l'a vu, et que ce n'est pas un ouï-dire. La Vieille, qui ne l'écoute pas et qui est charmée de la beauté de son lieu commun, ravie d'avoir une occasion illustre comme celle-là de le pousser bien loin, continue sa légende, et cela tout par les manières, ordinaires aux gens de cet âge, des proverbes, des apophtegmes, des dictons du vieux tems, des exemples de sa jeunesse et des citations de gens qu'il a connus. Son Fils a beau se tuer de luy répéter qu'il l'a vu; elle, qui ne pense point à ce qu'il luy dit mais seulement à ce qu'elle veut dire, ne s'écarte point de son premier chemin. Sur quoy la Suivante, encore malicieusement, comme il convient à ce personnage, mais pourtant fort moralement, dit au Mary *qu'il est puni selon ses mérites et que, comme il n'a point voulu croire longtems ce qu'on luy disoit, on ne veut point le croire luy-mesme à présent sur le mesme sujet.* Enfin la Vieille, forcée de prêter l'oreille pour un moment, répond, en s'opiniâtrant, que *quelquefois il faut tout voir pour bien juger ; que l'intention est cachée; que la passion préoccupe, et fait paroistre les choses autrement qu'elles ne sont, et qu'enfin il ne faut pas toujours croire tout ce qu'on voit ; qu'ainsi il falloit s'assurer mieux de la chose avant que de faire éclat.* Sur quoy son Fils s'emportant luy repart brusquement qu'*elle voudroit donc qu'il eust attendu, pour éclater, que Panulphe eusse... Vous me feriez dire quelque sottise.* Manière admirablement naturelle de faire entendre avec bienséance une chose aussi délicate que celle-là.

Le pauvre homme seroit encore à présent, que je croy, à persuader sa Mère de la vérité de ce qu'il luy dit, et elle à le faire enrager, si quelqu'un n'heurtoit à la porte. C'est un homme qui, à la manière obligeante, honnête, caressante et civile, dont il aborde la compagnie, soi disant venir de la part de Monsieur Panulphe, semble estre là pour demander pardon et accommoder toutes choses avec douceur, bien loin d'y estre pour sommer toute la famille, dans la personne du chef, de vuider la maison au plus tôt : car enfin, comme il se déclare luy-mesme, *il s'appelle Loyal, et, depuis trente ans, il est Sergent à verge en dépit de l'envie.* Mais tout cela, comme j'ay dit, avec le plus grand respect et la plus tendre amitié du monde.

Ce personnage est un supplément admirable du caractère bigot, et fait voir comme il en est de toutes professions, et qui sont liez ensemble bien plus étroitement que ne le sont les gens de bien parce qu'estant plus intéressez, ils considèrent davantage et connoissent mieux combien ils se peuvent estre utiles les uns aux autres dans les occasions, ce qui est l'âme de la Cabale.

Cela se voit bien clairement dans cette scène, car cet homme, qui a tout l'air de ce qu'il est, c'est-à-dire du plus rafiné fourbe de sa profession, ce qui n'est pas peu de chose ; cet homme, dis-je, y fait l'acte du monde le plus sanglant avec toutes les façons qu'un homme de bien pourroit faire le plus obligeant, et cette détestable manière sert encore au but des Panulphes pour ne se faire point d'affaires nouvelles, et au contraire mettre les autres dans le tort par cette conduite, si honnête en apparence et si barbare en effet. Ce caractère est si beau que je ne saurois en sortir ; aussi le Poëte, pour le faire joüer plus longtems, a employé toutes les adresses de son art. Il luy fait dire plusieurs choses d'un ton et d'une force différente par les diverses personnes qui composent la compagnie, pour le faire répondre à toutes selon son but ; mesme, pour le faire davantage parler, il le fait proposer et offrir une espèce de grâce, qui est un délay d'exécution, mais accompagné de circonstances plus choquantes que ne seroit un ordre absolu.

Enfin il sort, et, à peine la Vieille s'est-elle écriée : *Je ne sçay plus que dire et suis toute ébaubie*, et les autres ont-ils fait réflexion sur leur aventure que Valère, l'Amant de Marianne, entre et donne avis au Mary que *Panulphe, par le moyen des papiers qu'il a entre les mains, l'a fait passer pour criminel d'Etat près du Prince ; qu'il sait cette nouvelle par l'Officier mesme qui a ordre de l'arrêter, lequel a bien voulu luy rendre le service que de l'en avertir ; que son carrosse est à la porte avec mille Loüis pour prendre la fuite.* Sans autre délibération, on oblige le Mary à le suivre, mais, comme ils sortent, ils rencontrent Panulphe avec l'Officier, qui les arrêtent. Chacun éclate contre l'Hypocrite en reproches de diverses manières, à quoy, estant pressé, il répond que *la fidélité qu'il doit au Prince est plus forte sur luy que toute autre considération.* Mais, le Frère et la Dame répliquant à cela, et luy demandant *pourquoy, si son Beau-frère est criminel, il a attendu, pour le déférer, qu'il l'eût surpris voulant corrompre la fidélité de sa Femme ?* Cette attaque le mettant hors de défense, il prie l'Officier *de le délivrer de toutes ces criailleries, et de faire sa charge.* Ce que l'autre luy accorde, *mais en le faisant prisonnier luy-mesme.* De quoy, tout le monde estant surpris, l'Officier rend raison, et cette raison est le dénouëment.

Avant que je vous le déclare, permettez-moy de vous faire remarquer que l'esprit de tout cet Acte, et son seul effet et but jusqu'icy, n'a esté que de représenter les affaires de cette pauvre famille dans la dernière désolation par la violence et l'impudence de l'Imposteur, jusque là qu'il paroist que c'est une affaire sans ressource dans les formes ; de sorte qu'à moins de quelque Dieu qui y mette la main, c'est-à-dire de la machine, comme parle Aristote, tout est déploré.

L'Officier déclare donc que *le Prince ayant pénétré dans le cœur du Fourbe par une lumière toute particulière aux Souverains par-dessus les autres hommes, et s'estant informé de toutes choses sur sa délation, avoit découvert l'imposture, et reconnu que cet homme estoit le mesme, dont, sous un autre nom, il avoit déjà ouï parler, et savoit une longue histoire toute tissue des plus étranges friponneries et des plus noires aventures dont il ait jamais esté parlé ; que nous vivons sous un règne où rien ne peut échapper à la lumière du Prince, où la calomnie est confondue par sa seule présence, et où l'hypocrisie est autant en horreur dans son esprit qu'elle est accréditée parmy ses Sujets ; que, cela estant, il a, d'autorité absolue, annullé tous les actes favorables à l'Imposteur, et fera rendre tout ce dont il estoit saisi ; et qu'enfin c'est ainsi qu'il reconnoit les services que le bon homme a rendus autrefois à l'Etat dans les années, pour montrer que rien n'est perdu près de luy et que son équité, lors que moins on y pense, des bonnes actions donne la récompense.*

Il me semble que si, dans tout le reste de la Pièce, l'Auteur a égalé tous les Anciens et surpassé tous les Modernes, on peut dire que, dans ce dénouement, il s'est surpassé luy-mesme, n'y ayant rien de plus grand, de plus magnifique et de plus merveilleux, et cependant rien de plus naturel, de plus heureux et de plus juste, puisqu'on peut dire que, s'il estoit permis d'oser faire le caractère de l'âme de notre grand Monarque, ce seroit sans doute dans cette plénitude de lumière, cette prodigieuse pénétration d'esprit, et ce discernement merveilleux de toutes choses, qu'on le feroit consister. Tant il est vray, s'écrient icy ces Messieurs dont j'ay pris à tâche de vous rapporter les sentimens, tant il est vray, disent-ils, que le Prince est digne du Poëte comme le Poëte est digne du Prince.

Achevons notre Pièce en deux mots, et voyons comme les caractères y sont produits dans toutes leurs faces. Le Mary voyant toutes choses changées, suivant le naturel des ames foibles, insulte au misérable Panulphe ; mais son Beau-frère le reprend fortement, *en souhaitant au contraire à ce malheureux qu'il fasse un bon usage de ce revers de fortune ; et qu'au lieu des punitions qu'il mérite, il reçoive du Ciel la grâce d'une véritable pénitence qu'il n'a pas méritée*. Conclusion, à ce que disent ceux que les Bigots font passer pour athées, digne d'un ouvrage si saint, qui, n'estant qu'une instruction très chrétienne de la véritable dévotion, ne devoit pas finir autrement que par l'exemple le plus parfait qu'on ait peut estre jamais proposé, de la plus sublime de toutes les Vertus évangéliques, qui est le pardon des ennemis.

Voilà, Monsieur, quelle est la Pièce qu'on a défendue. Il se peut faire qu'on ne voie pas le venin parmy les fleurs, et que les yeux des Puissances soient plus épurez que ceux du vulgaire. Si cela est, il semble qu'il est encore de la charité des religieux persécuteurs du misérable *Panulphe* de faire discerner le poison que les autres avalent, faute de le connoistre. A cela près, je ne me mesle point de juger des choses de cette délicatesse ; je crains trop de me faire des affaires, comme vous savez. C'est pourquoy je me contenteray de vous communiquer deux réflexions qui me sont venües dans l'esprit, qui ont peut-être esté faites par peu de gens, et qui, ne touchant point le fond de la question, peuvent être proposées sans manquer au respect que tous les gens de bien doivent avoir pour les jugemens des Puissances légitimes.

La première est sur l'étrange disposition d'esprit, touchant cette Comédie, de certaines gens, qui, supposant ou croyant de bonne foy qu'il ne s'y fait ni dit rien qui puisse en particulier faire aucun méchant effet, ce qui est le point de la question, la condamnent toutefois en général, à cause seulement qu'il y est parlé de la Religion, et que le Théâtre, disent-ils, n'est pas un lieu où il la faille enseigner.

Il faut être bien enragé contre Molière pour tomber dans un égarement si visible, et il n'est point de si chétif lieu-commun où l'ardeur de critiquer et de mordre ne se puisse retrancher, après avoir osé faire son fort d'une si misérable et si ridicule défense. Quoy ! si on produit la Vérité avec toute la dignité qui doit l'accompagner partout ; si on a prévu et évité jusqu'aux effets les moins fâcheux qui pouvoient arriver, mesme par accident, de la peinture du vice ; si on a pris, contre la corruption des esprits du siècle, toutes les précautions qu'une connoissance parfaite de la saine Antiquité, une vénération solide pour la Religion, une méditation profonde de la nature de l'âme, une expérience de plusieurs années et qu'un travail effroyable ont pu fournir ; il se trouvera, après cela, des gens capables d'un contre-sens si horrible que de proscrire un ouvrage, qui est le résultat de tant d'excellens préparatifs, par cette seule raison qu'il est nouveau de voir exposer la Religion dans une salle de Comédie, pour bien, pour dignement, pour discrètement, nécessairement et utilement qu'on le fasse ?

Je ne feins pas de vous avouër que ce sentiment me paroist un des plus considérables effets de la corruption du siècle où nous vivons. C'est par ce principe de fausse bienséance qu'on relègue la raison et la vérité dans des païs barbares et peu frequentez, qu'on les borne dans les Ecoles et dans les Eglises, où leur puissante vertu est presque inutile parce qu'elles n'y sont cherchées que de ceux qui les aiment et qui les connoissent, et que, comme si on se défioit de leur force et de leur autorité, on n'ose les commettre où elles peuvent rencontrer leurs ennemis. C'est pourtant là qu'elles doivent paroistre; c'est dans les lieux les plus profanes, dans les places publiques, les Tribunaux, les Palais des Grands seulement, que se trouve la matière de leur triomphe ; et, comme elles ne sont, à proprement parler, Vérité et Raison que quand elles convainquent les esprits, et qu'elles en chassent les ténèbres de l'erreur et de l'ignorance par leur lumière toute divine, on peut dire que leur essence consiste dans leur action; que ces lieux, où leur opération est le plus nécessaire, sont leurs lieux naturels; et qu'ainsi c'est les détruire en quelque façon que les réduire à ne paroistre que parmy leurs adorateurs.

Mais passons plus avant. Il est certain que la Religion n'est que la perfection de la Raison, du moins pour la morale ; qu'elle la purifie, qu'elle l'élève et qu'elle dissipe seulement les ténèbres que le péché d'origine a répandues dans le lieu de sa demeure; enfin que la Religion n'est qu'une Raison plus parfaite. Ce seroit estre dans le plus déplorable aveuglement des Payens que de douter de cette vérité. Cela estant, et puisque les Philosophes les plus sensuels n'ont jamais douté que la Raison ne nous fût donnée par la Nature pour nous conduire en toutes choses par ses lumières; puisqu'elle doit estre partout aussi présente à nostre âme que l'œil à nostre corps, et qu'il n'y a point d'acceptions de personnes, de tems, ny de lieux auprès d'elle — qui peut douter qu'il n'en soit de mesme de la Religion, que cette lumière divine, infinie comme elle est par essence, ne doive faire briller partout sa clarté, et qu'ainsi que Dieu remplit tout de luy-mesme, sans aucune distinction, et ne dédaigne pas d'estre aussi présent dans les lieux du Monde les plus infâmes que dans les plus augustes et les plus sacrez, ainsi les veritez saintes qu'il luy a plû de manifester aux Hommes, ne puissent estre publiées dans tous les tems et dans tous les lieux où il se trouve des oreilles pour les entendre, et des cœurs pour recevoir la grâce qui les fait chérir?

Loin donc, loin d'une âme vraiment chrétienne ces indignes ménagemens et ces cruelles bienséances qui voudroient nous empêcher de travailler à la sanctification de nos frères partout où nous le pouvons. La Charité ne souffre point de bornes; tous lieux, tous temps luy sont bons pour agir et faire du bien; elle n'a point d'égard à sa dignité quand il y va de son intérest, et comment pourroit-elle en avoir puisque, cet intérest consistant, comme il fait, à convertir les méchans, il faut qu'elle les cherche pour les combattre, et qu'elle ne peut les trouver, pour l'ordinaire, que dans les lieux indignes d'elle?

Il ne faut donc pas qu'elle dédaigne de paroistre dans ces lieux, et qu'elle ait si mauvaise opinion d'elle-mesme que de penser qu'elle puisse estre avilie en s'humiliant. Les Grands du Monde peuvent avoir ces basses considérations, eux de qui toute la dignité est empruntée et relative, et qui ne doivent estre vus que de loin et dans toute leur parure pour conserver leur autorité, de peur qu'estant vus de près et à nu, on ne découvre leurs taches et qu'on ne reconnoisse leur petitesse naturelle. Qu'ils ménagent avec avarice le foible caractère de grandeur qu'ils peuvent avoir; qu'ils choisissent scrupuleusement les jours qui le font davantage briller; qu'ils se gardent bien de se commettre jamais en des lieux qui ne contribuent pas à les faire paroistre élevez et parfaits. A la bonne heure; mais que la Charité redoute les mesmes inconvéniens, que cette Souveraine des âmes chrétiennes appréhende de voir sa dignité diminuée en quelque lieu qu'il luy plaise de se montrer, c'est ce qui ne se peut penser sans crime, et, comme on a dit autrefois, que plustost que Caton fût vicieux, l'ivrognerie seroit une vertu, on peut dire avec bien plus de raison que les lieux les plus infâmes seroient dignes de la présence de cette Reine, plustost que sa présence dans ces lieux pût porter aucune atteinte à sa dignité.

En effet, Monsieur, — car ne croyez pas que j'avance icy des paradoxes — c'est elle qui les rend dignes d'elle, ces lieux si indignes en eux-mesmes. Elle fait, quand il luy plaist, un Temple d'un Palais, un Sanctuaire d'un Théâtre, et un séjour de bénédictions et de grâces d'un lieu de débauche et d'abomination. Il n'est rien de si profane qu'elle ne sanctifie, de si corrompu qu'elle ne purifie, de si méchant qu'elle ne rectifie, rien de si extraordinaire, de si inusité et de si nouveau qu'elle ne justifie. Tel est le privilège de la Vérité produite par cette Vertu, le fondement et l'âme de toutes les autres Vertus.

Je sais que le principe que je prétens établir a ses modifications comme tous les autres ; mais je soutiens qu'il est toujours vrai et constant quand il ne s'agit que de parler comme icy. La Religion a ses lieux et ses tems affectez pour ses sacrifices, ses cérémonies et ses autres mystères ; on ne peut les transporter ailleurs sans crime, mais ses vérités, qui se produisent par la parole, sont de tous tems et de tous lieux parce que, le parler estant nécessaire en tout et partout, il est toujours plus utile et plus saint de l'employer à publier la vérité et à prêcher la vertu qu'à quelqu'autre sujet que ce soit.

L'Antiquité, si sage en toutes choses, ne l'a pas esté moins dans celle-cy que dans les autres ; et les Payens, qui n'avoient pas moins de respect pour leur Religion que nous en avons pour la nostre, n'ont pas craint de la produire sur leurs Théâtres. Au contraire, connoissant de quelle importance il estoit de l'imprimer dans l'esprit du Peuple, ils ont cru sagement ne pouvoir mieux luy en persuader la vérité que par les spectacles qui luy sont si agréables. C'est pour cela que leurs Dieux paroissent si souvent sur la scène, que les dénouemens, qui sont les endroits les plus importans du Poëme, ne se faisoient presque jamais, de leur tems, que par quelque Divinité, et qu'il n'y avoit point de Piéce qui ne fût une agréable leçon et une preuve exemplaire de la clémence ou de la justice du Ciel envers les Hommes. Je sais bien qu'on me répondra que nostre Religion a des occasions affectées pour cet effet, et que la leur n'en avoit point ; mais, outre qu'on ne sauroit écouter la Vérité trop souvent et en trop de lieux, l'agréable manière de l'insinuer au Théâtre est un avantage si grand par-dessus les lieux où elle paroist avec toute son austérité, qu'il n'y a pas lieu de douter, naturellement parlant, dans lequel des deux elle fait plus d'impression.

Ce fut pour toutes ces raisons que nos pères, dont la simplicité avoit autant de rapport avec l'Evangile que notre rafinement en est éloigné, voulant profiter, à l'édification du peuple, de son inclination naturelle pour les Spectacles, instituérent premièrement la Comédie pour représenter la Passion du Sauveur du Monde, et semblables sujets pieux. Que si la corruption, qui s'est glissée dans les mœurs depuis ce tems heureux, a passé jusqu'au Théâtre et l'a rendu aussi profane qu'il devoit estre sacré, pourquoy, si nous sommes assez heureux pour que le Ciel ait fait naistre dans nos tems quelque génie capable de luy rendre sa première saincteté, pourquoy l'empêcherons-nous, et ne permettrons-nous pas une chose que nous procurerions avec ardeur, si la charité régnoit dans nos âmes et s'il n'y avoit pas tant de besoin qu'il y en a aujourd'huy parmi nous de décrier l'Hypocrisie, et de prêcher la véritable Dévotion.

La seconde de mes réflexions est sur un fruit véritablement accidentel, mais aussi très-important que non seulement je crois qu'on peut tirer de la représentation de *l'Imposteur*, mais mesme qui en arriveroit infailliblement. C'est que jamais il ne s'est frappé un plus rude coup contre tout ce qui s'appelle galanterie solide, en termes honnêtes, que cette Pièce, et que, si quelque chose est capable de mettre la fidélité des mariages à l'abri des artifices de ses corrupteurs, c'est assurément cette Comédie; parce que les voies les plus ordinaires et les plus fortes par où on a coutume d'attaquer les femmes y sont tournées en ridicule d'une manière si vive et si puissante qu'on paroitroit sans doute ridicule quand on voudroit les employer après cela, et, par conséquent, on ne réussiroit pas.

Quelques-uns trouveront peut-estre étrange ce que j'avance ici, mais je les prie de n'en pas juger souverainement qu'ils n'ayent vu représenter la Pièce, ou du moins de s'en remettre à ceux qui l'ont vue; car bien loin que ce que je viens d'en rapporter suffise pour cela, je doute mesme si sa lecture tout entière pourroit faire juger tout l'effet que produit sa représentation. Je sais encore qu'on me dira que le vice dont je parle, estant le plus naturel de tous, ne manquera jamais de charmes capables de surmonter tout ce que cette Comédie y pourroit attacher de ridicule; mais je réponds à cela deux choses. L'une, que, dans l'opinion de tous les gens qui connoissent le Monde, ce péché, moralement parlant, est le plus universel qui puisse estre. L'autre, que cela procède beaucoup plus, surtout dans les femmes, des mœurs, de la liberté et de la légèreté de nostre Nation que d'aucun penchant naturel, estant certain que de toutes les civilisées il n'en est point qui y soit moins porté par le tempérament que la Françoise. Cela supposé, je suis persuadé que le degré de ridicule où cette Pièce feroit paroistre tous les entretiens et les raisonnemens, qui sont les préludes naturels de la galanterie du tête-à-tête qui est la plus dangereuse, je prétens, dis-je, que ce caractère de Ridicule, qui seroit inséparablement attaché à ces voies et à ces acheminemens de corruption, par cette représentation seroit assez puissant et assez fort pour contre-balancer l'attrait qui fait donner dans le panneau les trois quarts des femmes qui y donnent.

C'est ce que je vous ferai voir plus clair que le jour, quand vous voudrez; car, comme il faut pour cela traiter à fond du ridicule, qui est une des plus sublimes matières de la véritable Morale, et que cela ne se peut sans quelque longueur, et sans examiner des questions un peu trop spéculatives pour cette Lettre, je ne pense pas devoir l'entreprendre ici. Mais il me semble que je vous vois plaindre de ma circonspection, à vostre accoutumée, et trouver mauvais que je ne vous dise pas absolument tout ce que je pense. Il faut donc vous contenter tout à fait ; et voici ce que vous demandez.

Quoique la Nature nous ait fait naistre capables de connoistre la Raison pour la suivre, pourtant, jugeant bien que, si elle n'y attachoit quelque marque sensible qui nous rendît cette connoissance si facile, nostre foiblesse et nostre paresse nous priveroient de l'effet d'un si rare avantage, elle a voulu donner à cette Raison quelque sorte de forme extérieure et de dehors reconnoissable. Cette forme est en général quelque motif de joie et quelque matière de plaisir que nostre âme trouve dans tout objet moral. Or ce plaisir, quand il vient des choses raisonnables, n'est autre que cette complaisance délicieuse qui est excitée dans nostre esprit par la connoissance de la Vérité et de la Vertu, et, quand il vient de la vue de l'ignorance et de l'erreur, c'est-à-dire de ce qui manque de Raison, c'est proprement le sentiment par lequel nous jugeons quelque chose ridicule. Or, comme la Raison produit dans l'âme une joie mêlée d'estime, le ridicule y produit une joie mêlée de mépris, parce que toute connoissance qui arrive à l'âme produit nécessairement, dans l'entendement, un sentiment d'estime ou de mépris, comme, dans la volonté, un mouvement d'amour ou de haine.

Le ridicule est donc la forme extérieure et sensible que la providence de la Nature a attachée à tout ce qui est déraisonnable, pour nous en faire apercevoir, et nous obliger à le fuir. Pour connoistre ce Ridicule, il faut connoistre la Raison dont il signifie le défaut, et voir en quoy elle consiste. Son caractère n'est autre dans le fond que la convenance, et sa marque sensible la bienséance, c'est-à-dire le fameux *quod decet* des Anciens, de sorte que la bienséance est, à l'égard de la convenance, ce que les Platoniciens disent que la beauté est à l'égard de la bonté, c'est-à-dire qu'elle en est la fleur, le dehors, le corps et l'apparence extérieure; que la bienséance est la raison apparente, et que la convenance est la raison essentielle. De là vient que ce qui sied bien est toujours fondé sur quelque raison de convenance, comme l'indécence sur quelque disconvenance, c'est-à-dire le Ridicule sur quelque manque de Raison. Or, si la disconvenance est l'essence du Ridicule, il est aisé de voir pourquoi la galanterie de Panulphe paroist ridicule, et l'Hypocrisie en général aussi; car ce n'est qu'à cause que les actions secrètes des Bigots ne conviennent pas à l'idée que leur dévote grimace et l'austérité de leurs discours a fait former d'eux au public.

Mais, quand cela ne suffiroit pas, la suite de la représentation met dans la dernière évidence ce que je dis; car le mauvais effet que la galanterie de Panulphe y produit le fait paroistre si fort et si clairement ridicule que le Spectateur le moins intelligent en demeure pleinement convaincu. La raison de cela est que, selon mon principe, nous estimons ridicule ce qui manque extrêmement de Raison; or, quand des moyens produisent une fin fort différente de celle pourquoi on les employe, nous supposons, avec juste sujet, qu'on en a fait le choix avec peu de raison, parce que nous avons cette prévention générale qu'il y a des voies partout, et que, quand on manque de réussir, c'est faute d'avoir choisi les bonnes. Ainsi, parce qu'on voit que Panulphe ne persuade pas sa Dame, on conclut que les moyens dont il se sert ont une grande disconvenance avec la fin, et par conséquent qu'il est ridicule de s'en servir.

Or non-seulement la galanterie de Panulphe ne convient pas à sa mortification apparente, et ne fait pas l'effet qu'il prétend, ce qui le rend ridicule, comme vous venez de voir; mais cette galanterie est extrême, aussi bien que cette mortification, et fait le plus méchant effet qu'elle pouvoit faire, ce qui le rend extrêmement ridicule, comme il estoit nécessaire pour en tirer le fruit que je prétens.

Vous me direz qu'il paroist bien, par tout ce que je viens de dire, que les raisonnemens et les manières de Panulphe semblent ridicules, mais qu'il ne s'ensuit pas qu'elles le semblassent dans un autre; parce que, selon ce que j'ai établi, le ridicule estant quelque chose de relatif puisque c'est une espèce de disconvenance, la raison pourquoi ces manières ne conviennent pas à Panulphe n'auroit pas lieu dans un Homme du monde qui ne seroit pas Dévot de profession comme lui, et par conséquent elles ne seroient pas ridicules dans cet Homme comme dans lui.

Je répons à cela que l'excès de ridicule, que ces manières ont dans Panulphe, fait que toutes les fois qu'elles se présenteront au Spectateur dans quelqu'autre occasion, elles lui sembleront assurément ridicules, quoique peut-estre elles ne le seront pas tant dans cet autre Sujet que dans Panulphe. Mais c'est que l'âme, naturellement avide de joie, se laisse ravir nécessairement à la première vue des choses qu'elle a conçues une fois comme extrêmement ridicules et qui lui rafraîchissent l'idée du plaisir très sensible qu'elle a goûté cette première fois. Or, dans cet estat, l'âme n'est pas capable de faire la différence du Sujet, où elle voit ces objets ridicules, avec celui où elle les a premièrement vus. Je veux dire qu'une femme, qui sera pressée par les mesmes raisons que Panulphe employe, ne peut s'empêcher d'abord de les trouver ridicules, et n'a garde de faire réflexion sur la différence qu'il y a entre l'homme qui lui parle et Panulphe et de raisonner sur cette différence, comme il faudroit qu'elle fît pour ne pas trouver ces raisons aussi ridicules qu'elles lui ont semblé quand elles les a vu proposer à Panulphe.

La raison de cela est que nostre imagination, qui est le réceptacle naturel du ridicule selon sa manière ordinaire d'agir, en attache si fortement le caractère au matériel dans quoi elle le voit, comme sont ici les paroles et les manières de Panulphe, qu'en quelqu'autre lieu, quoique plus décent, que nous trouvions ces mesmes manières, nous sommes d'abord frappez d'un souvenir de cette première fois si elle a fait une impression extraordinaire, lequel, se mêlant mal à propos avec l'occasion présente et partageant l'âme à force de ce plaisir qu'il luy donne, confond les deux occasions en une, et transporte dans la dernière tout ce qui nous a charmez et nous a donné de la joie dans la première, ce qui n'est autre que le ridicule de cette première.

Ceux qui ont étudié la nature de l'âme, et le progrès de ses opérations morales, ne s'étonneront pas de cette forme de procéder si irrégulière dans le fond, et qu'elle prenne ainsi le change et attribue de cette sorte à l'un ce qui ne convient qu'à l'autre, mais enfin c'est une suite nécessaire de la violente et forte impression qu'elle a reçue une fois d'une chose et de ce qu'elle ne reconnoist d'abord et ne juge les objets que par la première apparence de ressemblance qu'ils ont avec ce qu'elle a connu auparavant et qui frappe d'abord les sens.

Cela est si vrai, et telle est la force de la prévention que je croirois prouver suffisamment ce que je prétens en vous faisant simplement remarquer que les raisonnemens de Panulphe, qui sont les moyens qu'il employe pour venir à son but, étant imprimez, dans l'esprit de quiconque a vu cette Piéce, comme ridicules, ainsi que je l'ai prouvé, et par conséquent comme mauvais moyens; naturellement parlant, toute femme, près de qui on voudra les employer après cela, les rendra inutiles en y résistant, par la seule prévention, où cette Piéce l'aura mise, qu'ils sont inutiles en eux-mesmes.

Que si pourtant, malgré tout ce que je viens de dire, on veut que l'âme, après le premier mouvement qui lui fait embrasser avec empressement la plus légère image du ridicule, revienne à soi, et fasse à la fin la différence des sujets; du moins m'avouerez-vous que ce retour ne se fait pas d'abord; qu'elle a besoin d'un temps considérable pour faire tout le chemin qu'il faut qu'elle fasse pour se désabuser de cette première impression; et qu'il est quelques instans où la vue d'un objet, qui a paru extrêmement ridicule dans quelqu'autre lieu, le représente encore comme tel, quoique peut-estre il ne le soit pas dans celui-ci.

Or ces premiers instans sont de grande considération dans ces matières, et font presque tout l'effet que feroit une extrême durée, parce qu'ils rompent toujours la chaîne de la passion et le cours de l'imagination, qui doit tenir l'âme attachée dès le commencement jusqu'au bout d'une entreprise amoureuse afin qu'elle réussisse, et parce que le sentiment du ridicule, estant le plus froid de tous, amortit et éteint absolument cette agréable émotion et cette douce et bénigne chaleur qui doit animer l'âme dans ces occasions. Que le sentiment du ridicule soit le plus froid de tous, il paroist bien, parce que c'est un pur jugement plaisant et enjoué d'une chose proposée. Or il n'est rien de plus sérieux que tout ce qui a quelque teinture de passion ; donc il n'y a rien de plus opposé au sentiment passionné d'une joie amoureuse que le plaisir spirituel que donne le ridicule.

Si je cherchois matière à philosopher, je pourrois vous dire, pour achever de vous convaincre de l'importance des premiers instans en matière de ridicule, que l'extrême attachement de l'âme pour ce qui lui donne du plaisir, comme le ridicule des choses qu'elle voit, ne lui permet pas de raisonner pour se priver de ce plaisir, et, par conséquent, qu'elle a une répugnance naturelle à cesser de considérer comme ridicule ce qu'elle a une fois considéré comme tel : et c'est peut-estre pour cette raison que, comme il arrive souvent, nous ne saurions traiter sérieusement de certaines choses, pour les avoir d'abord envisagées de quelque côté, ou ridicule, ou seulement qui a rapport à quelque idée de ridicule que nous avions, et qui nous l'a rafraîchie. Combien donc, à plus forte raison, cette première impression fait-elle le mesme effet dans les occasions aussi sérieuses que celles-ci ; car, comme je viens de le remarquer, il ne faut point dire que ce soient des affaires à estre traitées en riant ; n'y ayant rien de plus sérieux que ces sortes d'entreprises ; ce que je veux bien répéter, parce qu'il est fort important pour mon but, et rien qui soit plutost démonté par le moindre mélange de ridicule, comme les experts le peuvent témoigner, et tout cela parce que le sentiment du ridicule est le plus choquant, le plus rebutant, et le plus odieux de tous les sentimens de l'âme.

Mais, s'il est généralement désagréable, il l'est particulièrement pour un homme amoureux, qui est le cas de nostre question. Il est peu d'honnêtes gens qui ne soient convaincus par expérience de cette vérité; aussi est-il bien aisé de la prouver. La raison en est que, comme il n'y a rien qui nous plaise tant à voir en autrui qu'un sentiment passionné, ce qui est peut-estre le plus grand principe de la véritable rhétorique, aussi n'y a-t-il rien qui déplaise plus que la froideur et l'apathie qui accompagne le sentiment du ridicule, surtout dans une personne qu'on aime. De sorte qu'il est plus avantageux d'en estre haï, parce que, quelque passion qu'une femme ait pour vous, elle est toujours favorable, estant toujours une marque que vous estes capable de la toucher, qu'elle vous estime, et qu'elle est bien aise que vous l'aimiez; au lieu que ne la toucher point du tout et lui estre indifférent, à plus forte raison lui paroistre méprisable pour peu que ce soit, c'est toujours estre à son égard dans un néant le plus cruel du monde, quand elle est tout au vostre; de sorte que, pour peu qu'un homme ait de courage ou d'autre voie ouverte pour revenir à la liberté et à la raison, la moindre marque qu'il aura de paroistre ridicule le guérira absolument, ou du moins le troublera et le mettra en désordre, et par conséquent hors d'état de pousser une femme à bout pour cette fois, et elle de même en sureté quant à lui, ce qui est le but de ma réflexion.

Mais non-seulement, quand l'impression première de ridicule, qui se fait dans l'esprit d'une femme, lorsqu'elle voit les mêmes raisonnemens de Panulphe dans la bouche d'un Homme du Monde, s'effaceroit absolument dans la suite par la réflexion qu'elle feroit sur la différence qu'il y a de Panulphe à l'Homme qui lui parle; non-seulement, dis-je, quand cela arriveroit, cette première impression ne laisseroit pas de produire tout l'effet que je prétens, comme je l'ai prouvé; mais il est mesme faux qu'elle puisse estre effacée entièrement parce que, outre que ces raisonnemens paroissent ridicules comme je l'ai fait voir, ils le sont en effet, et ont toujours réellement quelque degré de ridicule dans la bouche de qui que ce soit, s'ils n'en ont pas partout un aussi grand que dans Panulphe.

La raison de cela est que, si le ridicule consiste dans quelque disconvenance, il s'ensuit que tout mensonge, déguisement, fourberie, dissimulation, toute apparence différente du fond, enfin toute contrariété entre actions qui procèdent d'un même principe, est essentiellement ridicule. Or tous les Galans qui se servent des mesmes persuasions que Panulphe sont, en quelque degré, dissimulez et hypocrites comme lui; car il n'en est point qui voulût avouer en public les sentimens qu'il déclare en particulier à une femme qu'il veut perdre : ce qu'il faudroit qui fût pour qu'il fût vrai de dire que ses sentimens de tête-à-tête n'ont aucune disconvenance avec ceux dont il fait profession publique, et par conséquent aucune indécence ni aucun ridicule. Et le premier fondement de tout cela est ce que j'ai établi dès l'entrée de cette réflexion, que la providence de la Nature a voulu que tout ce qui est méchant eût quelque degré de ridicule, pour redresser nos voies par cette apparence de défaut de Raison, et pour piquer notre orgueil naturel par le mépris qu'excite nécessairement ce défaut, quand il est apparent, comme il est par le ridicule; et c'est de là que vient l'extrême force du ridicule sur l'esprit humain, comme de cette force procède l'effet que je prétens. Car la connoissance de défaut de Raison d'une chose, que nous donne l'apparence du ridicule qui est en elle, nous fait la mésestimer nécessairement parce que nous croyons que la Raison doit régler tout. Or, ce mépris est un sentiment relatif de mesme que toute espèce d'orgueil, c'est-à-dire qui consiste dans une comparaison de la chose mésestimée avec nous, au désavantage de la personne dans qui nous voyons cette chose, et à nostre avantage; car, quand nous voyons une action ridicule, la connoissance que nous avons du ridicule de cette action nous élève au-dessus de celui qui la fait; parce que, d'une part, personne n'agissant irraisonnablement à son sçeu, nous jugeons que l'homme qui l'a faite ignore qu'elle soit déraisonnable et la croit raisonnable, donc qu'il est dans l'erreur et dans l'ignorance, que naturellement nous estimons des maux. D'ailleurs par cela mesme que nous connoissons son erreur, par cela mesme nous en sommes exempts. Donc nous sommes en cela plus éclairez, plus parfaits, enfin plus que lui. Or cette connoissance d'estre plus qu'un autre est fort agréable à la nature; de là vient que le mépris qui enferme cette connoissance est toujours accompagné de joie;

or cette joie et ce mépris composent le mouvement qu'excite le ridicule dans ceux qui le voyent. Et, comme ces deux sentimens sont fondez sur les deux plus anciennes et plus essentielles maladies du Genre humain, l'orgueil et la complaisance dans les maux d'autrui, il n'est pas étrange que le sentiment du ridicule soit si fort, et qu'il ravisse l'âme comme il fait, elle qui, se défiant à bon droit de sa propre excellence depuis le péché d'origine, cherche de tous cotez avec avidité de quoi la persuader aux autres et à soi-mesme par des comparaisons qui lui soient avantageuses, c'est-à-dire par la considération des défauts d'autrui.

Enfin il ne faut pas, pour dernière objection, qu'on me dise que tous les sentimens que j'attribue aux gens, et sur lesquels je fonde mon raisonnement dans tout ce discours, ne se sentent pas comme je les dis; car ce n'est que dans les occasions qu'il paroist si on les a, ou non. Ce n'est pas qu'alors mesme on s'aperçoive de les avoir; mais c'est seulement que l'on fait des actes qui supposent nécessairement qu'on les a; et c'est la manière d'agir naturelle et générale de nostre âme, qui ne s'avoue jamais à soi-mesme la moitié de ses propres mouvemens, qui marque rarement le chemin qu'elle fait, et que l'on ne pourroit point marquer aussi si on ne le découvroit, et si on ne le prouvoit de cette sorte par la lumière et par la force du raisonnement.

Voilà, Monsieur, la preuve de ma réflexion. Ce n'est pas à moi à juger si elle est bonne, mais je sais bien que, si elle l'est, l'importance en est sans doute extrême; et, s'il faut estimer les remèdes d'autant plus que les maladies sont incurables, vous m'avouerez que cette Comédie est une excellente chose à cet égard, puisque tous les autres efforts qui se font contre la Galanterie sont absolument vains. En effet les Prédicateurs foudroyent, les Confesseurs exhortent, les Pasteurs menacent, les bonnes âmes gémissent, les parens, les maris, et les maîtres veillent sans cesse et font des efforts continuels, aussi grands qu'inutiles, pour brider l'impétuosité du torrent d'impureté qui ravage la France; et cependant c'est estre ridicule, dans le Monde, que de ne s'y laisser pas entraîner, et les uns ne font pas moins de gloire d'aimer l'incontinence que les autres en font de la reprendre. Le désordre ne procède d'autre cause que de l'opinion impie, où la pluspart des Gens du Monde sont aujourd'hui, que ce péché est moralement indifférent, et que c'est un point où la Religion contrarie directement la Raison naturelle. Or, pouvoit-on combattre cette opinion perverse plus fortement qu'en découvrant la turpitude naturelle de ces bas attachemens, et faisant voir par les seules lumières de la nature, comme dans cette Comédie, que non-seulement cette passion est criminelle, injuste et déraisonnable, mais mesme qu'elle l'est extrêmement, puisque c'est jusque à en paroistre ridicule? Voilà, Monsieur, quels sont les dangereux effets qu'il y avoit juste sujet d'appréhender que la représentation de *l'Imposteur* ne produisît. Je n'en dirai pas davantage ; la chose parle d'elle-mesme.

Je rends apparemment un très mauvais service à Molière par cette réflexion, quoique ce ne soit pas mon dessein, parce que je lui fais des ennemis d'autant de Galans qu'il y en a dans Paris, qui ne sont pas peut-estre les personnes les moins éclairées ny les moins puissantes ; mais qu'il ne s'en prenne qu'à lui-mesme. Cela ne lui arriveroit pas si, suivant les pas des premiers Comiques et des Modernes qui l'ont précédé, il exerçoit sur son Théâtre une censure impudente, indiscrète et mal réglée, sans aucun soin des mœurs, au lieu de négliger, comme il a fait, en faveur de la Vertu et de la Vérité, toutes les lois de la coutume et de l'usage du beau Monde, et d'attaquer ses plus chères maximes, et ses franchises les plus privilégiées, jusque dans leurs derniers retranchemens.

Voilà, Monsieur, ce que vous avez souhaité de moi. Gardez-vous bien de croire, pour tout ce que je viens de dire, que je m'intéresse en aucune manière dans l'histoire que je vous ai contée, et de prendre pour l'effet de quelque opinion préméditée l'effort que j'ai fait pour vous plaire. Je parle sur les suppositions que je forge, et seulement pour me donner matière de vous entretenir plus longtems, comme je sais que vous le voulez. A cela près, peu m'importe qui que ce soit qui ait raison ; car, quoique cette affaire me paroisse peut-estre assez de conséquence, j'en vois tant d'autres de cette sorte aujourd'hui, qui soit ou traitées de bagatelles, ou réglées par des principes tout autres qu'il faudroit, que, n'estant pas assez fort pour résister aux mauvais exemples du Siècle, je m'accoutume insensiblement, Dieu merci, à rire de tout comme les autres, et à ne regarder toutes les choses qui se passent dans le Monde que comme les diverses scènes de la grande Comédie qui se joue sur la Terre entre les Hommes.

Je suis, Monsieur, vostre, etc.

Le 20 aoust 1667.

LE TARTUFFE

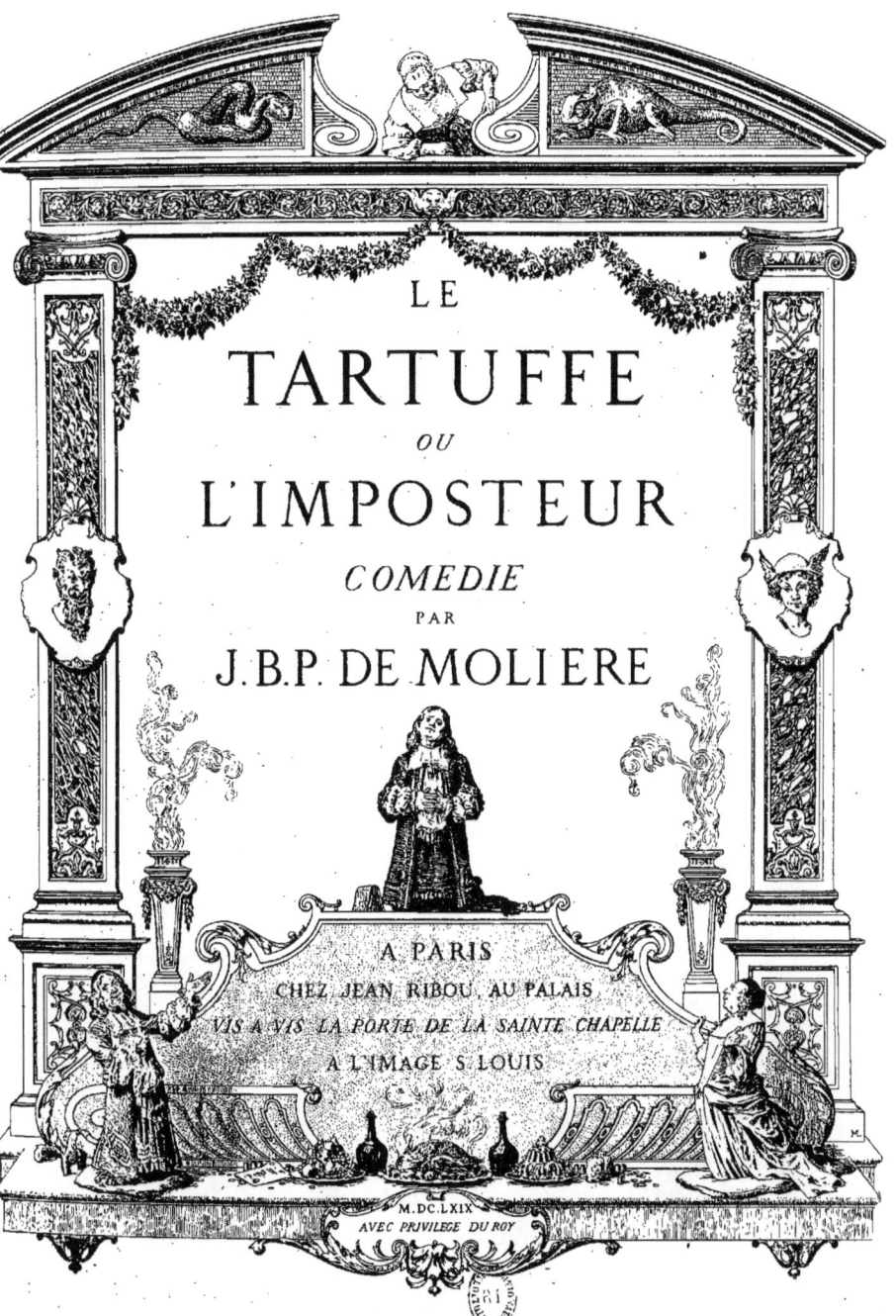

ACTEURS

MADAME PERNELLE, Mère d'Orgon.
ORGON, Mary d'Elmire.
ELMIRE, Femme d'Orgon.
DAMIS, Fils d'Orgon.
MARIANE, Fille d'Orgon, et Amante de Valère.
VALÈRE, Amant de Mariane.
CLÉANTE, Beau-frère d'Orgon.
TARTUFFE, Faux Dévot.
DORINE, Suivante de Mariane.
MONSIEUR LOYAL, Sergent.
UN EXEMPT.
FLIPOTE, Servante de Madame Pernelle.

La scène est à Paris.

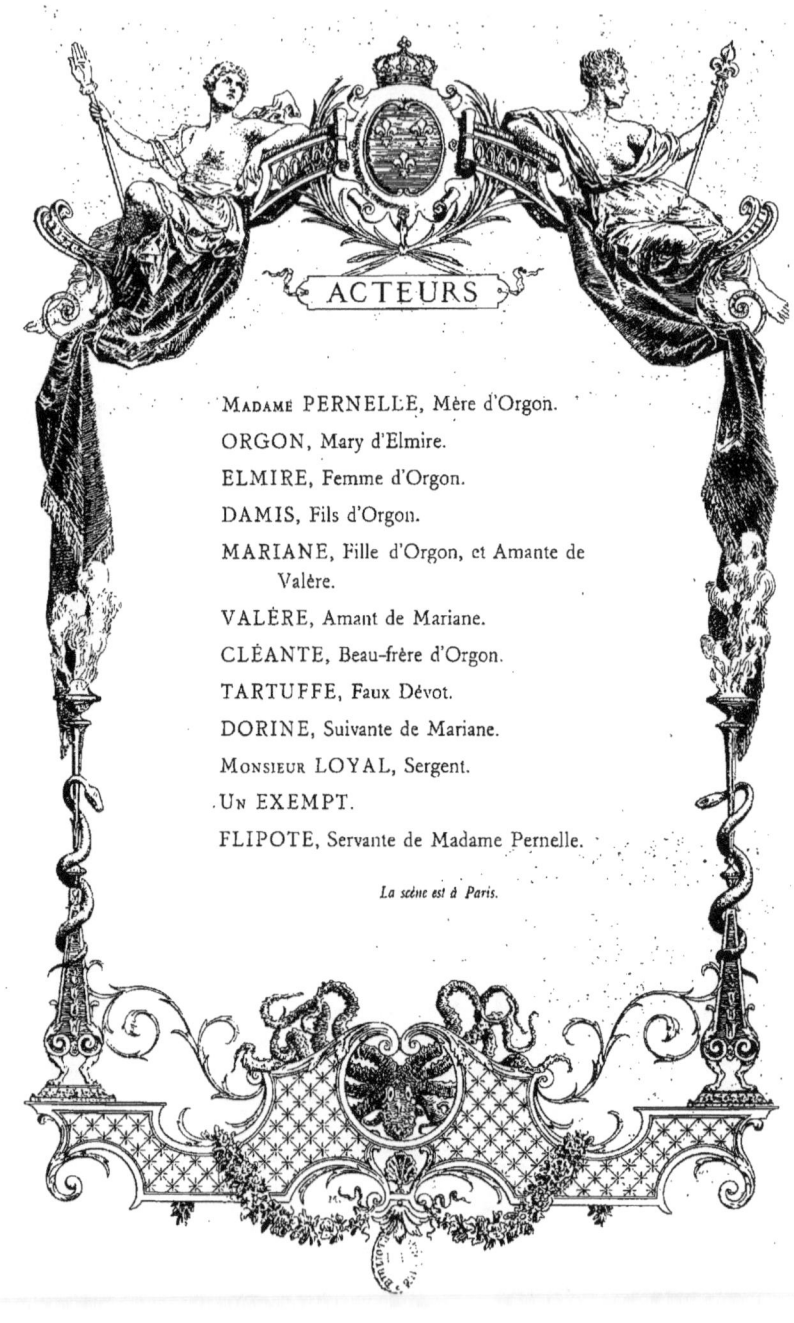

ACTE PREMIER

SCÈNE PREMIÈRE

Madame PERNELLE et FLIPOTE, sa servante, ELMIRE,
MARIANE, DORINE, DAMIS, CLÉANTE

MADAME PERNELLE

ALLONS, Flipote, allons ; que d'eux je me délivre.

ELMIRE

Vous marchez d'un tel pas qu'on a peine à vous suivre.

MADAME PERNELLE

Laissez, ma Bru, laissez. Ne venez pas plus loin ;
Ce sont toutes façons dont je n'ay pas besoin.

ELMIRE

De ce que l'on vous doit envers vous on s'acquitte;
Mais, ma Mère, d'où vient que vous sortez si viste?

MADAME PERNELLE

C'est que je ne puis voir tout ce ménage-cy,
Et que de me complaire on ne prend nul soucy.
Ouy, je sors de chez vous fort mal édifiée;
Dans toutes mes leçons j'y suis contrariée;
On n'y respecte rien; chacun y parle haut,
Et c'est tout justement la Cour du Roy Pétaud.

DORINE

Si...

MADAME PERNELLE

Vous estes, ma mie, une Fille Suivante,
Un peu trop forte en gueule, et fort impertinente;
Vous vous meslez sur tout de dire vostre avis;

DAMIS

Mais...

MADAME PERNELLE

Vous êtes un sot, en trois lettres, mon Fils.
C'est moy qui vous le dis, qui suis vostre Grand'mère;
Et j'ay prédit cent fois à mon Fils, vostre Père,
Que vous preniez tout l'air d'un méchant garnement,
Et ne luy donneriez jamais que du tourment.

MARIANE

Je crois...

MADAME PERNELLE

Mon Dieu, sa Sœur, vous faites la discrette,
Et vous n'y touchez pas, tant vous semblez doucette!
Mais il n'est, comme on dit, pire eau que l'eau qui dort,
Et vous menez, sous chape, un train que je hais fort.

ELMIRE

Mais, ma Mère...

MADAME PERNELLE

Ma Bru, qu'il ne vous en déplaise,
Vostre conduite, en tout, est tout à fait mauvaise ;
Vous devriez leur mettre un bon exemple aux yeux,
Et leur défunte Mère en usoit beaucoup mieux.
Vous estes dépencière, et cet estat me blesse
Que vous alliez vestue ainsi qu'une Princesse.
Quiconque à son Mary veut plaire seulement,
Ma Bru, n'a pas besoin de tant d'ajustement.

CLÉANTE

Mais, Madame, après tout...

MADAME PERNELLE

Pour vous, Monsieur son Frère,
Je vous estime fort, vous aime, et vous révère ;
Mais enfin, si j'estois de mon Fils, son Espous,

Je vous prierois bien fort de n'entrer point chez nous.
Sans cesse vous prêchez des Maximes de vivre
Qui par d'honnestes gens ne se doivent point suivre;
Je vous parle un peu franc, mais c'est là mon humeur,
Et je ne mâche point ce que j'ay sur le cœur.

DAMIS

Vostre Monsieur Tartufle est bien heureux, sans doute...

MADAME PERNELLE

C'est un Homme de bien, qu'il faut que l'on écoute,
Et je ne puis souffrir, sans me mettre en courrous,
De le voir quereller par un Fou comme vous.

DAMIS

Quoy! je souffriray, moy, qu'un Cagot de Critique
Vienne usurper céans un pouvoir tyrannique,
Et que nous ne puissions à rien nous divertir,
Si ce beau Monsieur-là n'y daigne consentir?

DORINE

S'il le faut écouter et croire à ses Maximes,
On ne peut faire rien qu'on ne fasse des crimes;
Car il contrôle tout, ce Critique zélé.

MADAME PERNELLE

Et tout ce qu'il contrôle est fort bien contrôlé.
C'est au chemin du Ciel qu'il prétend vous conduire,
Et mon Fils à l'aimer vous devroit tous induire.

DAMIS

Non, voyez-vous, ma Mère, il n'est ni Père, rien,
Qui me puisse obliger à luy vouloir du bien.
Je trahirois mon cœur de parler d'autre sorte;
Sur ses façons de faire, à tous coups, je m'emporte;
J'en prévois une suite, et qu'avec ce Pié-plat
Il faudra que j'en vienne à quelque grand éclat.

DORINE

Certes, c'est une chose aussi qui scandalise,
De voir qu'un inconnu céans s'impatronise;
Qu'un gueux, qui, quand il vint, n'avoit pas de souliers
Et dont l'habit entier valoit bien six deniers,
En vienne jusques-là que de se méconnoistre,
De contrarier tout, et de faire le Maistre.

MADAME PERNELLE

Hé! mercy de ma vie! il en iroit bien mieux
Si tout se gouvernoit par ses ordres pieux.

DORINE

Il passe pour un Saint dans vostre fantaisie;
Tout son fait, croyez-moy, n'est rien qu'hypocrisie.

MADAME PERNELLE

Voyez la langue!

DORINE

      A luy, non plus qu'à son Laurent,

Je ne me fîrois, moy, que sur un bon Garant.

MADAME PERNELLE

J'ignore ce qu'au fond le Serviteur peut estre,
Mais pour Homme de bien je garantis le Maistre.
Vous ne luy voulez mal, et ne le rebutez
Qu'à cause qu'il vous dit à tous vos véritez ;
C'est contre le Péché que son cœur se courrouce,
Et l'intérest du Ciel est tout ce qui le pousse.

DORINE

Ouy ; mais pourquoy, surtout depuis un certain temps,
Ne sçauroit-il souffrir qu'aucun hante céans ?
En quoy blesse le Ciel une visite honneste,
Pour en faire un vacarme à nous rompre la teste ?
Veut-on que là-dessus je m'explique, entre nous ?
Je croy que de Madame il est, ma foy jalous.

MADAME PERNELLE

Taisez-vous, et songez aux choses que vous dites.
Ce n'est pas luy tout seul qui blâme ces visites.
Tout ce tracas, qui suit les gens que vous hantez,
Ces carosses, sans cesse à la Porte plantez,
Et de tant de Laquais le bruyant assemblage
Font un éclat fâcheux dans tout le voisinage.
Je veux croire qu'au fond il ne se passe rien ;
Mais enfin on en parle, et cela n'est pas bien.

CLÉANTE

Hé ! voulez-vous, Madame, empescher qu'on ne cause ?
Ce seroit dans la vie une fâcheuse chose
Si, pour les sots discours où l'on peut estre mis,
Il falloit renoncer à ses meilleurs Amis.
Et, quand mesme on pourroit se résoudre à le faire,
Croiriez-vous obliger tout le monde à se taire ?
Contre la Médisance il n'est point de rempart ;
A tous les sots caquets n'ayons donc nul égard ;
Efforçons-nous de vivre avec toute innocence,
Et laissons aux Causeurs une pleine licence.

DORINE

Daphné, nostre Voisine, et son petit Epous,
Ne seroient-ils point ceux qui parlent mal de nous ?
Ceux, de qui la conduite offre le plus à rire,
Sont toujours sur autruy les premiers à médire ;
Ils ne manquent jamais de saisir promptement
L'apparente lueur du moindre attachement,
D'en semer la nouvelle, avec beaucoup de joye,
Et d'y donner le tour qu'ils veulent qu'on y croye.
Des actions d'autruy, teintes de leurs couleurs,
Ils pensent dans le Monde authoriser les leurs,
Et, sous le faux espoir de quelque ressemblance,
Aux intrigues qu'ils ont donner de l'innocence,
Ou faire ailleurs tomber quelques traits partagez

De ce blâme public dont ils sont trop chargez.

MADAME PERNELLE

Tous ces raisonnemens ne font rien à l'affaire.
On sçait qu'Orante mène une vie exemplaire;
Tous ses soins vont au Ciel, et j'ay sçeu, par des Gens,
Qu'elle condamne fort le train qui vient céans.

DORINE

L'exemple est admirable, et cette Dame est bonne!
Il est vray qu'elle vit en austère personne;
Mais l'âge dans son âme a mis ce zèle ardent,
Et l'on sçait-qu'elle est prude à son corps défendant.
Tant qu'elle a pu des cœurs attirer les hommages,
Elle a fort bien jouy de tous ses avantages;
Mais, voyant de ses yeux tous les brillans baisser,
Au monde, qui la quitte, elle veut renoncer,
Et du voile pompeux d'une haute sagesse
De ses attraits usez déguiser la foiblesse.
Ce sont là les retours des Coquettes du Temps;
Il leur est dur de voir déserter les Galans.
Dans un tel abandon, leur sombre inquiétude
Ne voit d'autre recours que le mestier de Prude,
Et la sévérité de ces Femmes de bien
Censure toute chose, et ne pardonne à rien;
Hautement, d'un chacun elles blâment la vie,
Non point par charité, mais par un trait d'envie

Qui ne sçauroit souffrir qu'un autre ait les plaisirs
Dont le penchant de l'âge a sevré leurs desirs.

MADAME PERNELLE

Voilà les contes bleus qu'il vous faut pour vous plaire,
Ma Bru. L'on est, chez vous, contrainte de se taire,
Car Madame, à jaser, tient le dé tout le jour,
Mais enfin je prétens discourir à mon tour.
Je vous dis que mon Fils n'a rien fait de plus sage
Qu'en recueillant chez soy ce dévot personnage;
Que le Ciel au besoin l'a céans envoyé
Pour redresser à tous vostre esprit fourvoyé;
Que, pour vostre salut, vous le devez entendre,
Et qu'il ne reprend rien qui ne soit à reprendre.
Ces Visites, ces Bals, ces Conversations,
Sont du Malin Esprit toutes inventions.
Là, jamais on n'entend de pieuses paroles;
Ce sont propos oisifs, chansons et fariboles;
Bien souvent le Prochain en a sa bonne part,
Et l'on y sçait médire et du tiers et du quart.
Enfin les gens sensés ont leurs testes troublées
De la confusion de telles assemblées:
Mille caquets divers s'y font en moins de rien,
Et, comme l'autre jour un Docteur dit fort bien,
C'est véritablement la Tour de Babylone,
Car chacun y babille, et tout du long de l'aune.

Et, pour conter l'Histoire où ce point l'engagea...

Montrant Cléante :

Voilà-t-il pas Monsieur, qui ricane déjà ?
Allez chercher vos Fous qui vous donnent à rire,
Et sans... Adieu, ma Bru ; je ne veux plus rien dire.
Sçachez que, pour céans, j'en rabats de moitié,
Et qu'il fera beau temps quand j'y mettray le pié.

Donnant un soufflet à Flipote :

Allons, vous, vous resvez et bayez aux corneilles.
Jour de Dieu ! je sçauray vous frotter les oreilles.
Marchons, gaupe, marchons !

SCÈNE II

CLÉANTE, DORINE

CLÉANTE

Je n'y veux point aller,
De peur qu'elle ne vinst encor me quereller.
Que cette bonne Femme...

DORINE

Ah ! certes, c'est dommage
Qu'elle ne vous ouïst tenir un tel langage ;
Elle vous diroit bien qu'elle vous trouve bon,
Et qu'elle n'est point d'âge à luy donner ce nom.

CLÉANTE

Comme elle s'est pour rien contre nous échauffée,
Et que de son Tartuffe elle paroist coiffée !

DORINE

Oh ! vrayment, tout cela n'est rien au prix du Fils,
Et, si vous l'aviez veu, vous diriez : « C'est bien pis. »
Nos Troubles l'avoient mis sur le pied d'Homme sage,
Et, pour servir son Prince, il montra du courage ;
Mais il est devenu comme un homme hébété
Depuis que de Tartuffe on le voit entesté.
Il l'appelle son Frère, et l'aime, dans son âme,
Cent fois plus qu'il ne fait Mère, Fils, Fille et Femme.
C'est de tous ses secrets l'unique Confident,
Et de ses actions le Directeur prudent
Il le choye, il l'embrasse, et pour une Maîtresse
On ne sçauroit, je pense, avoir plus de tendresse.
A table, au plus haut bout il veut qu'il soit assis ;
Avec joye il l'y voit manger autant que six ;
Les bons morceaux de tout, il faut qu'on les luy cède,
Et, s'il vient à rotter, il luy dit : « Dieu vous aide ! »

C'est une Servante qui parle.

Enfin il en est fou ; c'est son tout, son Héros ;
Il l'admire à tous coups, le cite à tous propos ;
Ses moindres actions luy semblent des miracles,
Et tous les mots qu'il dit sont pour luy des Oracles.

Luy, qui connoist sa dupe, et qui veut en jouir,
Par cent dehors fardez a l'art de l'éblouir ;
Son Cagotisme en tire à toute heure des sommes,
Et prend droit de gloser sur tous, tant que nous sommes.
Il n'est pas jusqu'au Fat, qui luy sert de Garçon,
Qui ne se mêle aussi de nous faire leçon ;
Il vient nous sermonner avec des yeux farouches,
Et jetter nos Rubans, nostre Rouge et nos Mouches;
Le traistre, l'autre jour, nous rompit de ses mains
Un Mouchoir, qu'il trouva dans une *Fleur des Saints*,
Disant que nous meslions, par un crime effroyable,
Avec la Sainteté les parures du Diable.

SCÈNE III

ELMIRE, MARIANE, DAMIS, CLÉANTE, DORINE

ELMIRE

Vous estes bien heureux de n'estre point venu
Au discours qu'à la Porte elle nous a tenu.
Mais j'ay veu mon Mary; comme il ne m'a point veue,
Je veux aller là-haut attendre sa venue.

CLÉANTE

Moi, je l'attends icy pour moins d'amusement,
Et je vais luy donner le bonjour seulement.

DAMIS

De l'hymen de ma Sœur touchez-luy quelque chose.
J'ay soupçon que Tartuffe à son effet s'oppose,
Qu'il oblige mon Père à des détours si grans,
Et vous n'ignorez pas quel intérest j'y prens.
Si mesme ardeur enflâme et ma Sœur et Valère,
La Sœur de cet Amy, vous le sçavez, m'est chère,
Et, s'il falloit...

DORINE

Il entre.

SCÈNE IV

ORGON, CLÉANTE, DORINE

ORGON

Ah! mon Frère, bonjour.

CLÉANTE

Je sortois, et j'ay joie à vous voir de retour;
La Campagne, à présent, n'est pas beaucoup fleurie.

ORGON

Dorine... — Mon Beau-frère, attendez, je vous prie.
Vous voulez bien souffrir, pour m'oster de soucy,
Que je m'informe un peu des nouvelles d'icy.

— Tout s'est-il, ces deux jours, passé de bonne sorte ?
Qu'est-ce qu'on fait céans ? Comme est-ce qu'on s'y porte ?

DORINE

Madame eut, avant hyer, la fièvre jusqu'au soir,
Avec un mal de teste étrange à concevoir.

ORGON

Et Tartuffe ?

DORINE

Tartuffe ! Il se porte à merveille,
Gros et gras, le teint frais, et la bouche vermeille.

ORGON

Le pauvre homme !

DORINE

Le soir, elle eut un grand dégoût,
Et ne put, au Soupé, toucher à rien du tout,
Tant sa douleur de teste estoit encor cruelle.

ORGON

Et Tartuffe ?

DORINE

Il soupa, luy tout seul, devant elle,
Et fort dévotement il mangea deux perdris,
Avec une moitié de gigot en hachis.

ORGON

Le pauvre homme !

DORINE

    La nuit se passa tout entière
Sans qu'elle pust fermer un moment la paupière;
Des chaleurs l'empeschoient de pouvoir sommeiller,
Et jusqu'au jour, près d'elle, il nous fallut veiller.

ORGON

Et Tartuffe?

DORINE

    Pressé d'un sommeil agréable,
Il passa dans sa Chambre, au sortir de la Table,
Et dans son lit bien chaud il se mit tout soudain,
Où, sans trouble, il dormit jusques au lendemain.

ORGON

Le pauvre homme!

DORINE

    A la fin, par nos raisons gagnée,
Elle se résolut à souffrir la saignée,
Et le soulagement suivit tout aussi tost.

ORGON

Et Tartuffe?

DORINE

    Il reprit courage comme il faut,
Et, contre tous les maux fortifiant son âme,
Pour réparer le sang qu'avoit perdu Madame,
Beut, à son déjeuné, quatre grands coups de vin.

ORGON

Le pauvre homme !

DORINE

Tous deux se portent bien enfin ;
Et je vais à Madame annoncer par avance
La part que vous prenez à sa convalescence.

SCÈNE V

ORGON, CLÉANTE

CLÉANTE

A vostre nez, mon Frère, elle se rit de vous ;
Et, sans avoir dessein de vous mettre en courroux,
Je vous diray, tout franc, que c'est avec justice.
A-t-on jamais parlé d'un semblable caprice ?
Et se peut-il qu'un Homme ait un charme aujourd'huy
A vous faire oublier toutes choses pour luy ?
Qu'après avoir chez vous réparé sa misère,
Vous en veniez au point...

ORGON

Alte-là, mon Beau-frère ;
Vous ne connoissez pas celuy dont vous parlez.

CLÉANTE

Je ne le connois pas, puis que vous le voulez ;

Mais enfin, pour sçavoir quel Homme ce peut estre...

ORGON

Mon Frère, vous seriez charmé de le connestre,
Et vos ravissemens ne prendroient point de fin.
C'est un Homme... qui... ha! un Homme... un Homme enfin.
Qui suit bien ses leçons gouste une paix profonde,
Et comme du fumier regarde tout le Monde.
Ouy, je deviens tout autre avec son entretien;
Il m'enseigne à n'avoir affection pour rien;
De toutes amitiez il détache mon âme,
Et je verrois mourir Frère, Enfants, Mère et Femme,
Que je m'en soucîrois autant que de cela.

CLÉANTE

Les sentimens humains, mon Frère, que voilà!

ORGON

Ah! si vous aviez veu comme j'en fis rencontre,
Vous auriez pris pour luy l'amitié que je montre.
Chaque jour à l'Eglise il venoit, d'un air dous,
Tout vis-à-vis de moy, se mettre à deux genous.
Il attiroit les yeux de l'assemblée entière
Par l'ardeur dont au Ciel il poussoit sa prière;
Il faisoit des soupirs, de grands élancemens,
Et baisoit humblement la terre à tous momens;
Et, lors que je sortois, il me devançoit viste,
Pour m'aller, à la Porte, offrir de l'Eau béniste.

Instruit par son Garçon, qui dans tout l'imitoit,
Et de son indigence, et de ce qu'il estoit,
Je luy faisois des dons; mais, avec modestie,
Il me vouloit toûjours en rendre une partie :
C'est trop, me disoit-il, c'est trop de la moitié;
Je ne mérite pas de vous faire pitié.
Et, quand je refusois de le vouloir reprendre,
Aux Pauvres, à mes yeux, il alloit le répandre.
Enfin, le Ciel chez moy me le fit retirer,
Et depuis ce temps-là tout semble y prospérer.
Je voy qu'il reprend tout, et qu'à ma Femme mesme
Il prend, pour mon honneur, un intérêt extrême ;
Il m'avertit des Gens qui luy font les yeux dous,
Et plus que moy, six fois, il s'en montre jalous.
Mais vous ne croiriez point jusqu'où monte son zèle ;
Il s'impute à péché la moindre bagatelle ;
Un rien presque suffit pour le scandaliser,
Jusques là qu'il se vint, l'autre jour, accuser
D'avoir pris une puce, en faisant sa prière,
Et de l'avoir tuée avec trop de colère.

CLÉANTE

Parbleu, vous estes fou, mon Frère, que je croy.
Avec de tels discours, vous mocquez-vous de moy ?
Et que prétendez-vous que tout ce badinage...

ORGON

Mon Frère, ce discours sent le Libertinage;
Vous en estes un peu dans vostre âme entiché,
Et, comme je vous l'ay plus de dix fois prêché,
Vous vous attirerez quelque méchante affaire.

CLÉANTE

Voilà de vos pareils le discours ordinaire;
Ils veulent que chacun soit aveugle comme eux.
C'est estre Libertin que d'avoir de bons yeux;
Et qui n'adore pas de vaines simagrées
N'a ny respect ny foy pour les choses sacrées.
Allez, tous vos discours ne me font point de peur;
Je sçay comme je parle, et le Ciel voit mon cœur.
De tous vos Façonniers on n'est point les Esclaves.
Il est de faux Dévots ainsi que de faux Braves,
Et, comme on ne voit pas qu'où l'Honneur les conduit
Les vrais Braves soient ceux qui font beaucoup de bruit,
Les bons et vrais Dévots, qu'on doit suivre à la trace,
Ne sont pas ceux aussi qui font tant de grimace.
Hé quoy! vous ne ferez nulle distinction
Entre l'Hypocrisie et la Dévotion?
Vous les voulez traiter d'un semblable langage,
Et rendre mesme honneur au masque qu'au visage;
Égaler l'Artifice à la Sincérité;
Confondre l'Apparence avec la Vérité;

Estimer le Fantôme autant que la Personne,
Et la fausse monnoye à l'égal de la bonne?
Les Hommes, la pluspart, sont étrangement faits!
Dans la juste nature on ne les voit jamais.
La Raison a pour eux des bornes trop petites;
En chaque caractère ils passent ses limites,
Et la plus noble chose, ils la gastent souvent,
Pour la vouloir outrer et pousser trop avant.
Que cela vous soit dit, en passant, mon Beau-frère.

ORGON

Ouy, vous estes, sans doute, un Docteur qu'on révère;
Tout le sçavoir du Monde est chez vous retiré;
Vous estes le seul Sage et le seul éclairé,
Un Oracle, un Caton, dans le Siècle où nous sommes,
Et, près de vous, ce sont des Sots que tous les Hommes.

CLÉANTE

Je ne suis point, mon Frère, un Docteur révéré,
Et le Sçavoir chez moy n'est pas tout retiré.
Mais, en un mot, je sçay, pour toute ma science,
Du faux avec le vray faire la diférence;
Et, comme je ne voy nul genre de Héros
Qui soient plus à priser que les parfaits Dévots,
Aucune chose au Monde et plus noble et plus belle
Que la sainte ferveur d'un véritable zèle,

Aussi ne vois-je rien qui soit plus odieux
Que le dehors plastré d'un zèle spécieux,
Que ces francs Charlatans, que ces Dévots de Place,
De qui la sacrilège et trompeuse grimace
Abuse impunément, et se joue, à leur gré,
De ce qu'ont les Mortels de plus saint, et sacré.
Ces Gens qui, par une âme à l'intérest soumise,
Font de Dévotion métier et marchandise,
Et veulent acheter crédit et dignitez
A prix de faux clins d'yeux et d'élans affectez;
Ces Gens, dis-je, qu'on voit, d'une ardeur non commune,
Par le chemin du Ciel courir à leur fortune;
Qui, brûlans et prians, demandent chaque jour,
Et preschent la retraite au milieu de la Cour;
Qui sçavent ajuster leur zèle avec leurs vices,
Sont prompts, vindicatifs, sans foy, pleins d'artifices,
Et, pour perdre quelqu'un, couvrent insolemment
De l'intérest du Ciel leur fier ressentiment;
D'autant plus dangereux, dans leur aspre colère,
Qu'ils prennent contre nous des armes qu'on révère,
Et que leur passion, dont on leur sait bon gré,
Veut nous assassiner avec un fer sacré.
De ce faux caractère on en voit trop paroistre,
Mais les dévots de cœur sont aisés à connoistre.
Nostre Siècle, mon Frère, en expose à nos yeux
Qui peuvent nous servir d'exemples glorieux.

Regardez Ariston ; regardez Périandre,
Oronte, Alcidamas, Polidore, Clitandre.
Ce titre par aucun ne leur est débatu ;
Ce ne sont point du tout Fanfarons de vertu ;
On ne voit point en eux ce faste insuportable,
Et leur Dévotion est humaine et traitable.
Ils ne censurent point toutes nos actions ;
Ils trouvent trop d'orgueil dans ces corrections,
Et, laissant la fierté des paroles aux autres,
C'est par leurs actions qu'ils reprennent les nostres.
L'apparence du mal a chez eux peu d'appuy,
Et leur âme est portée à juger bien d'autruy.
Point de cabale en eux, point d'intrigues à suivre ;
On les voit, pour tous soins, se mesler de bien vivre.
Jamais contre un Pécheur ils n'ont d'acharnement,
Ils attachent leur haine au Péché seulement,
Et ne veulent point prendre, avec un zèle extrême,
Les intérests du Ciel plus qu'il ne veut luy-mesme.
Voilà mes Gens ; voilà comme il en faut user ;
Voilà l'exemple enfin qu'il se faut proposer.
Vostre Homme, à dire vray, n'est pas de ce modèle :
C'est de fort bonne foy que vous vantez son zèle,
Mais par un faux éclat je vous crois éblouy.

ORGON

Monsieur mon cher Beau-frère, avez-vous tout dit ?

CLÉANTE

Ouy.

ORGON

Je suis votre valet.

Il veut s'en aller.

CLÉANTE

De grâce, un mot, mon Frère;
Laissons-là ce discours. Vous sçavez que Valère,
Pour estre votre Gendre, a parole de vous.

ORGON

Ouy.

CLÉANTE

Vous aviez pris jour pour un lien si dous.

ORGON

Il est vray.

CLÉANTE

Pourquoy donc en diférer la feste?

ORGON

Je ne sçais.

CLÉANTE

Auriez-vous autre pensée en teste?

ORGON

Peut-estre.

CLÉANTE

Vous voulez manquer à vostre foy?

ORGON

Je ne dis pas cela.

CLÉANTE

Nul obstacle, je croy,
Ne vous peut empescher d'accomplir vos promesses.

ORGON

Selon.

CLÉANTE

Pour dire un mot, faut-il tant de finesses ?
Valère, sur ce poinct, me fait vous visiter.

ORGON

Le Ciel en soit loué.

CLÉANTE

Mais que luy reporter ?

ORGON

Tout ce qu'il vous plaira.

CLÉANTE

Mais il est nécessaire
De sçavoir vos desseins. Quels sont-ils donc ?

ORGON

De faire
Ce que le Ciel voudra.

CLÉANTE

Mais parlons tout de bon.

Valère a vostre foy. La tiendrez-vous, ou non?

ORGON

Adieu.

CLÉANTE

— Pour son amour je crains une disgrâce,
Et je dois l'avertir de tout ce qui se passe.

ACTE II

SCÈNE PREMIÈRE

ORGON, MARIANE

ORGON

Mariane?

MARIANE

Mon Père...

ORGON

Approchez. J'ay de quoy
Vous parler en secret.

MARIANE

Que cherchez-vous?

ORGON

Il regarde dans un petit Cabinet.

Je voy
Si quelqu'un n'est point là qui pourroit nous entendre,
Car ce petit endroit est propre pour surprendre.
Or sus, nous voilà bien. — J'ay, Mariane, en vous
Remarqué de tout temps un esprit assez dous,
Et de tout temps aussi vous m'avez esté chère.

MARIANE

Je suis fort redevable à cet amour de Père.

ORGON

C'est fort bien dit, ma Fille, et, pour le mériter,
Vous devez n'avoir soin que de me contenter.

MARIANE

C'est où je mets aussi ma gloire la plus haute.

ORGON

Fort bien. Que dites-vous de Tartuffe, nostre Hoste ?

MARIANE

Qui, moy ?

ORGON

Vous. Voyez bien comme vous répondrez.

MARIANE

Hélas! j'en diray, moy, tout ce que vous voudrez.

ORGON

C'est parler sagement. Dites-moy donc, ma Fille,
Qu'en toute sa personne un haut mérite brille,
Qu'il touche vostre cœur, et qu'il vous seroit dous
De le voir, par mon chois, devenir vostre Epous.
Eh ?

Mariane se recule avec surprise.

MARIANE

Eh ?

ORGON

Qu'est-ce ?

MARIANE

Plaist-il ?

ORGON

Quoy ?

MARIANE

Me suis-je méprise ?

ORGON

Comment ?

MARIANE

Qui voulez-vous, mon Père, que je dise
Qui me touche le cœur, et qu'il me seroit dous
De voir, par vostre chois, devenir mon Epous ?

ORGON

Tartuffe.

MARIANE

Il n'en est rien, mon Père, je vous jure.
Pourquoy me faire dire une telle imposture ?

ORGON

Mais je veux que cela soit une vérité;
Et c'est assez pour vous que je l'aye arrêté.

MARIANE

Quoy ! Vous voulez, mon Père...

ORGON

      Ouy, je prétens, ma Fille,
Unir, par vostre hymen, Tartuffe à ma Famille.
Il sera vostre Epous, j'ay résolu cela,
Et, comme sur vos vœux je...

SCÈNE II

DORINE, ORGON, MARIANE

      — Que faites-vous là ?
La curiosité qui vous presse est bien forte,
Ma mie, à nous venir écouter de la sorte ?

DORINE

Vrayment, je ne sçay pas si c'est un bruit qui part
De quelque conjecture, ou d'un coup de hazard;

Mais de ce mariage on m'a dit la nouvelle,
Et j'ay traité cela de pure bagatelle.

ORGON

Quoy donc! La chose est-elle incroyable ?

DORINE

A tel poinct
Que vous mesme, Monsieur, je ne vous en croy point.

ORGON

Je sçay bien le moyen de vous le faire croire.

DORINE

Ouy, ouy, vous nous contez une plaisante Histoire

ORGON

Je conte justement ce qu'on verra dans peu.

DORINE

Chansons!

ORGON

Ce que je dis, ma Fille, n'est point jeu.

DORINE

Allez, ne croyez point à Monsieur vostre Père;
Il raille.

ORGON

Je vous dy...

DORINE

      Non, vous avez beau faire,
On ne vous croira point.

ORGON

       A la fin mon courrous...

DORINE

Hé bien! on vous croit donc, et c'est tant pis pour vous.
Quoy! Se peut-il, Monsieur, qu'avec l'air d'Homme sage,
Et cette large barbe au milieu du visage,
Vous soyez assez fou pour vouloir...

ORGON

          Écoutez;
Vous avez pris céans certaines privautez
Qui ne me plaisent point; je vous le dis, ma mie.

DORINE

Parlons sans nous fâcher, Monsieur, je vous supplie.
Vous mocquez-vous des gens, d'avoir fait ce complot?
Vostre Fille n'est point l'affaire d'un Bigot;
Il a d'autres emplois, ausquels il faut qu'il pense.
Et puis, que vous apporte une telle alliance?
A quel sujet aller, avec tout vostre bien,
Choisir un Gendre gueux?...

ORGON

      Taisez-vous. S'il n'a rien,

Sçachez que c'est par là qu'il faut qu'on le révère.
Sa misère est sans doute une honneste misère ;
Au-dessus des grandeurs elle doit l'élever,
Puis qu'enfin de son bien il s'est laissé priver
Par son trop peu de soin des choses temporelles,
Et sa puissante attache aux choses éternelles.
Mais mon secours pourra luy donner les moyens
De sortir d'embarras, et rentrer dans ses biens ;
Ce sont Fiefs qu'à bon titre au Païs on renomme,
Et, tel que l'on le voit, il est bien Gentilhomme.

DORINE

Ouy, c'est luy qui le dit, et cette vanité,
Monsieur, ne sied pas bien avec la Piété.
Qui d'une sainte vie embrasse l'innocence
Ne doit pas tant prôner son nom et sa naissance,
Et l'humble procédé de la Dévotion
Souffre mal les éclats de cette ambition.
A quoy bon cet orgueil ?... Mais ce discours vous blesse,
Parlons de sa personne, et laissons sa Noblesse.
Ferez-vous possesseur, sans quelque peu d'ennuy,
D'une Fille comme elle un Homme comme luy ?
Et ne devez-vous pas songer aux bienséances,
Et de cette union prévoir les conséquences ?
Sçachez que d'une fille on risque la vertu,
Lors que dans son Hymen son goût est combattu;

Que le dessein d'y vivre en honneste personne
Dépend des qualitez du Mary qu'on luy donne,
Et que ceux, dont partout on montre au doigt le front,
Font leurs Femmes, souvent, ce qu'on voit qu'elles sont.
Il est bien diffcile enfin d'estre fidelle
A de certains Maris faits d'un certain modéle;
Et qui donne à sa Fille un Homme qu'elle hait
Est responsable au Ciel des fautes qu'elle fait.
Songez à quels périls vostre dessein vous livre.

ORGON

Je vous dis qu'il me faut apprendre d'elle à vivre!

DORINE

Vous n'en feriez que mieux de suivre mes leçons.

ORGON

Ne nous amusons point, ma Fille, à ces chansons.
Je sçay ce qu'il vous faut, et je suis vostre Pére;
J'avois donné pour vous ma parole à Valère,
Mais, outre qu'à jouer on dit qu'il est enclin,
Je le soupçonne encor d'estre un peu Libertin;
Je ne remarque point qu'il hante les Eglises.

DORINE

Voulez-vous qu'il y coure à vos heures précises,
Comme ceux qui n'y vont que pour estre aperçeus ?

ORGON

Je ne demande pas vostre avis là-dessus.
— Enfin, avec le Ciel l'autre est le mieux du monde,
Et c'est une richesse à nulle autre seconde.
Cet hymen de tous biens comblera vos desirs,
Et sera tout confit en douceurs et plaisirs.
Ensemble vous vivrez, dans vos ardeurs fidelles,
Comme deux vrais Enfans, comme deux Tourterelles;
A nul fâcheux débat jamais vous n'en viendrez,
Et vous ferez de luy tout ce que vous voudrez.

DORINE

Elle? Elle n'en fera qu'un sot, je vous assure.

ORGON

Ouais! Quels discours!

DORINE

Je dis qu'il en a l'encolure,
Et que son Ascendant, Monsieur, l'emportera
Sur toute la vertu que vostre Fille aura.

ORGON

Cessez de m'interrompre, et songez à vous taire,
Sans mettre vostre nez où vous n'avez que faire.

DORINE

Je n'en parle, Monsieur, que pour vostre intérêt.

Elle l'interrompt toujours au moment qu'il se retourne pour parler à sa Fille.

ORGON

C'est prendre trop de soin; taisez-vous, s'il vous plaist.

DORINE

Si l'on ne vous aimoit...

ORGON

Je ne veux pas qu'on m'aime.

DORINE

Et je veux vous aimer, Monsieur, malgré vous-mesme.

ORGON

Ah !

DORINE

Vostre honneur m'est cher, et je ne puis souffrir
Qu'aux brocards d'un chacun vous alliez vous offrir.

ORGON

Vous ne vous tairez point !

DORINE

C'est une conscience
Que de vous laisser faire une telle alliance...

ORGON

Te tairas-tu, serpent, dont les traits effrontez...

DORINE

Ah ! vous estes Dévot, et vous vous emportez !

ORGON

Ouy, ma bile s'échauffe à toutes ces fadaises,
Et, tout résolûment, je veux que tu te taises.

DORINE

Soit. Mais, ne disant mot, je n'en pense pas moins.

ORGON

Pense, si tu le veux; mais applique tes soins
A ne m'en point parler, ou... Suffit...

Se retournant vers sa Fille:

Comme sage,
J'ay pesé mûrement toutes choses.

DORINE

J'enrage
De ne pouvoir parler.

Elle se tait lors qu'il tourne la teste.

ORGON

Sans être Damoiseau,
Tartuffe est fait de sorte...

DORINE

Ouy, c'est un beau museau.

ORGON

Que, quand tu n'aurois mesme aucune sympathie
Pour tous les autres dons...

Il se retourne devant elle, et la regarde, les bras croisez.

DORINE

La voilà bien lotie !
Si j'estois en sa place, un Homme, assurément,
Ne m'épouseroit pas de force impunément,
Et je luy ferois voir bientost, après la feste,
Qu'une Femme a toujours une vengeance preste.

ORGON

Donc, de ce que je dis on ne fera nul cas ?

DORINE

De quoy vous plaignez-vous ? Je ne vous parle pas.

ORGON

Qu'est-ce que tu fais donc ?

DORINE

Je me parle à moy-mesme.

ORGON

Fort bien. Pour châtier son insolence extrême,
Il faut que je luy donne un revers de ma main.

Il se met en posture de luy donner un soufflet, et Dorine, à chaque coup d'œil qu'il jette, se tient droite sans parler.

Ma Fille, vous devez approuver mon dessein...
Croire que le Mary... que j'ay sçeu vous élire...
— Que ne te parles-tu ?

DORINE

Je n'ay rien à me dire.

ORGON

Encor un petit mot.

DORINE

Il ne me plaist pas, moy.

ORGON

Certes, je t'y guettois.

DORINE

Quelque sotte, ma foy !

ORGON

Enfin, ma Fille, il faut payer d'obéissance,
Et montrer pour mon chois entière déférence.

DORINE *en s'enfuyant*

Je me mocquerois fort de prendre un tel Epous.

Il luy veut donner un soufflet, et la manque.

Vous avez là, ma Fille, une peste avec vous,
Avec qui, sans péché, je ne sçaurois plus vivre.
Je me sens hors d'estat maintenant de poursuivre ;
Ses discours insolents m'ont mis l'esprit en feu,
Et je vais prendre l'air pour me rassoir un peu.

SCÈNE III

MARIANE, DORINE

DORINE

Avez-vous donc perdu, dites-moy, la parole,

Et faut-il qu'en cecy je fasse vostre rôle ?
Souffrir qu'on vous propose un projet insensé,
Sans que du moindre mot vous l'ayez repoussé !

MARIANE

Contre un Père absolu que veux-tu que je fasse ?

DORINE

Ce qu'il faut pour parer une telle menace...

MARIANE

Quoy ?

DORINE

Luy dire qu'un cœur n'aime point par autruy;
Que vous vous mariez pour vous, non pas pour luy;
Qu'estant celle pour qui se fait toute l'affaire,
C'est à vous, non à luy, que le Mary doit plaire;
Et que, si son Tartuffe est pour luy si charmant,
Il le peut épouser, sans nul empeschement.

MARIANE

Un Père, je l'avoue, a sur nous tant d'empire
Que je n'ay jamais eu la force de rien dire.

DORINE

Mais raisonnons. Valère a fait pour vous des pas;
L'aimez-vous, je vous prie, ou ne l'aimez-vous pas ?

MARIANE

Ah ! qu'envers mon amour ton injustice est grande,

Dorine ! Me dois-tu faire cette demande ?
T'ay-je pas là-dessus ouvert cent fois mon cœur,
Et sçais-tu pas, pour luy, jusqu'où va mon ardeur ?

DORINE

Que sçay-je si le cœur a parlé par la bouche,
Et si c'est tout de bon que cet Amant vous touche ?

MARIANE

Tu me fais un grand tort, Dorine, d'en douter,
Et mes vrais sentimens ont sçeu trop éclater.

DORINE

Enfin, vous l'aimez donc ?

MARIANE

              Ouy, d'une ardeur extrême.

DORINE

Et, selon l'apparence, il vous aime de mesme ?

MARIANE

Je le croy.

DORINE

      Et tous deux brûlez également
De vous voir mariez ensemble !

MARIANE

              Assurément.

DORINE

Sur cette autre union quelle est donc votre attente ?

MARIANE

De me donner la mort si l'on me violente.

DORINE

Fort bien. C'est un recours où je ne songeois pas.
Vous n'avez qu'à mourir, pour sortir d'embarras.
Le remède, sans doute, est merveilleux. J'enrage
Lors que j'entens tenir ces sortes de langage.

MARIANE

Mon Dieu, de quelle humeur, Dorine, tu te rens !
Tu ne compatis point aux déplaisirs des gens.

DORINE

Je ne compatis point à qui dit des sornettes,
Et, dans l'occasion, mollit comme vous faites.

MARIANE

Mais que veux-tu, si j'ay de la timidité ?

DORINE

Mais l'amour dans un cœur veut de la fermeté.

MARIANE

Mais n'en gardé-je pas pour les feux de Valère,
Et n'est-ce pas à luy de m'obtenir d'un Père ?

DORINE

Mais quoy ! si votre Père est un Bourru fieffé,
Qui s'est de son Tartuffe entièrement coiffé,

Et manque à l'union qu'il avoit arrestée,
La faute à votre Amant doit-elle estre imputée ?

MARIANE

Mais, par un haut refus, et d'éclatans mépris,
Feray-je, dans mon chois, voir un cœur trop épris ?
Sortiray-je pour lui, quelque éclat dont il brille,
De la pudeur du Sexe, et du devoir de Fille ?
Et veux-tu que mes feux par le Monde étalez...

DORINE

Non, non, je ne veux rien. Je vois que vous voulez
Estre à Monsieur Tartuffe, et j'aurois, quand j'y pense,
Tort de vous détourner d'une telle alliance.
Quelle raison aurois-je à combattre vos vœux ?
Le Party, de soy-mesme, est fort avantageux.
Monsieur Tartuffe ! Oh ! oh ! n'est-ce rien qu'on propose ?
Certes, Monsieur Tartuffe, à bien prendre la chose,
N'est pas un Homme, non, qui se mouche du pié,
Et ce n'est pas peu d'heur que d'estre sa Moitié.
Tout le Monde déjà de gloire le couronne ;
Il est Noble chez luy, bien fait de sa personne,
Il a l'oreille rouge, et le teint bien fleury ;
Vous vivrez trop contente avec un tel Mary.

MARIANE

Mon Dieu...

DORINE

   Quelle allégresse aurez-vous dans vostre âme,

Quand d'un Epous si beau vous vous verrez la Femme!

MARIANE

Ah cesse, je te prie, un semblable discours,
Et contre cet hymen ouvre-moy du secours.
C'en est fait, je me rens, et suis preste à tout faire.

DORINE

Non, il faut qu'une Fille obéisse à son Père,
Voulût-il luy donner un Singe pour Epous.
Votre sort est fort beau; de quoy vous plaignez-vous?
Vous irez par le Coche en sa petite Ville,
Qu'en Oncles et Cousins vous trouverez fertile,
Et vous vous plairez fort à les entretenir.
D'abord chez le beau Monde on vous fera venir.
Vous irez visiter, pour vostre bienvenue,
Madame la Baillive et Madame l'Eleue,
Qui d'un siège-pliant vous feront honorer.
Là, dans le Carnaval, vous pourrez espérer
Le Bal et la Grand'Bande, à savoir, deux Musettes,
Et, par fois, Fagotin, et les Marionettes.
Si pourtant vostre Epous...

MARIANE

Ah! tu me fais mourir!
De tes conseils, plutost, songe à me secourir.

DORINE

Je suis vostre Servante.

MARIANE

Eh, Dorine, de grâce...

DORINE

Il faut, pour vous punir, que cette affaire passe.

MARIANE

Ma pauvre Fille!

DORINE

Non.

MARIANE

Si mes vœux déclarez...

DORINE

Point. Tartuffe est vostre Homme, et vous en tâterez.

MARIANE

Tu sçay qu'à toy toujours je me suis confiée.
Fay-moy...

DORINE

Non. Vous serez, ma foy, Tartuffiée.

MARIANE

Hé bien, puisque mon sort ne sçauroit t'émouvoir,
Laisse-moy désormais toute à mon désespoir.
C'est de luy que mon cœur empruntera de l'aide,
Et je sçais, de mes maux, l'infaillible remède.

Elle veut s'en aller.

DORINE

Hé, là, là, revenez; je quitte mon courroux.
Il faut, nonobstant tout, avoir pitié de vous.

MARIANE

Vois-tu, si l'on m'expose à ce cruel martyre,
Je te le dis, Dorine, il faudra que j'expire.

DORINE

Ne vous tourmentez point; on peut adroitement
Empescher... Mais voicy Valère, vostre Amant.

SCÈNE IV

VALÈRE, MARIANE, DORINE

VALÈRE

On vient de débiter, Madame, une nouvelle,
Que je ne sçavois pas, et qui sans doute est belle.

MARIANE

Quoy?

VALÈRE

    Que vous épousez Tartuffe.

MARIANE

                              Il est certain
Que mon Père s'est mis en teste ce dessein.

VALÈRE

Vostre Père, Madame...

MARIANE

A changé de visée ;
La chose vient par luy de m'estre proposée.

VALÈRE

Quoy, sérieusement ?

MARIANE

Ouy, sérieusement ;
Il s'est, pour cet hymen, déclaré hautement.

VALÈRE

Et quel est le dessein où vostre âme s'arreste,
Madame ?

MARIANE

Je ne sçay.

VALÈRE

La réponse est honneste.
Vous ne sçavez ?

MARIANE

Non.

VALÈRE

Non ?

MARIANE

Que me conseillez-vous ?

VALÈRE

Je vous conseille, moy, de prendre cet Epous.

MARIANE

Vous me le conseillez?

VALÈRE

Ouy.

MARIANE

Tout de bon?

VALÈRE

Sans doute.
Le chois est glorieux, et vaut bien qu'on l'écoute.

MARIANE

Hé bien, c'est un conseil, Monsieur, que je reçoy.

VALÈRE

Vous n'aurez pas grand'peine à le suivre, je croy.

MARIANE

Pas plus qu'à le donner en a souffert vostre âme.

VALÈRE

Moy! Je vous l'ay donné pour vous plaire, Madame.

MARIANE

Et moy, je le suivray, pour vous faire plaisir.

DORINE

Voyons ce qui pourra de cecy réussir.

VALÈRE
C'est donc ainsi qu'on aime ? Et c'estoit tromperie,
Quand vous...

MARIANE
          Ne parlons point de cela, je vous prie.
Vous m'avez dit, tout franc, que je dois accepter
Celuy que, pour Epous, on me veut présenter;
Et je déclare, moy, que je prétens le faire,
Puis que vous m'en donnez le conseil salutaire.

VALÈRE
Ne vous excusez point sur mes intentions.
Vous aviez pris déjà vos résolutions,
Et vous vous saisissez d'un prétexte frivole
Pour vous autoriser à manquer de parole.

MARIANE
Il est vray, c'est bien dit.

VALÈRE
          Sans doute, et vostre cœur
N'a jamais eu pour moy de véritable ardeur.

MARIANE
Hélas ! permis à vous d'avoir cette pensée.

VALÈRE
Ouy, ouy, permis à moy; mais mon âme offencée
Vous préviendra, peut-estre, en un pareil dessein,

Et je sçais où porter et mes vœux et ma main.

MARIANE

Ah ! je n'en doute point, et les ardeurs qu'excite
Le mérite...

VALÈRE

Mon Dieu, laissons là le mérite ;
J'en ay fort peu, sans doute, et vous en faites foy.
Mais j'espère aux bontez qu'une autre aura pour moy,
Et j'en sçay de qui l'âme, à ma retraite ouverte,
Consentira, sans honte, à réparer ma perte.

MARIANE

La perte n'est pas grande, et, de ce changement,
Vous vous consolerez assez facilement.

VALÈRE

J'y feray mon possible, et vous le pouvez croire.
Un cœur qui nous oublie engage nostre gloire ;
Il faut, à l'oublier, mettre aussi tous nos soins ;
Si l'on n'en vient à bout, on le doit feindre au moins,
Et cette lâcheté jamais ne se pardonne,
De montrer de l'amour pour qui nous abandonne.

MARIANE

Ce sentiment, sans doute, est noble, et relevé.

VALÈRE

Fort bien, et d'un chacun il doit estre aprouvé.

Hé quoy! vous voudriez qu'à jamais, dans mon âme,
Je gardasse pour vous les ardeurs de ma flamme?
Et vous visse, à mes yeux, passer en d'autres bras,
Sans mettre ailleurs un cœur dont vous ne voulez pas?

MARIANE

Au contraire, pour moy, c'est ce que je souhaite;
Et je voudrois déjà que la chose fût faite.

VALÈRE

Vous le voudriez?

MARIANE

Ouy.

VALÈRE

C'est assez m'insulter,
Madame, et, de ce pas, je vais vous contenter.

Il fait un pas pour s'en aller, et revient toujours.

MARIANE

Fort bien.

VALÈRE

Souvenez-vous, au moins, que c'est vous-mesme
Qui contraignez mon cœur à cet effort extrême....

MARIANE

Ouy.

VALÈRE

Et que le dessein que mon âme conçoit
N'est rien qu'à vostre exemple.

MARIANE

A mon exemple, soit.

VALÈRE

Suffit. Vous allez estre à point-nommé servie.

MARIANE

Tant mieux.

VALÈRE

Vous me voyez; c'est pour toute ma vie.

MARIANE

A la bonne heure.

VALÈRE
Il s'en va, et, lors qu'il est sur la porte, il se retourne.

Euh.

MARIANE

Quoy ?

VALÈRE

Ne m'appelez-vous pas ?

MARIANE

Moy ! vous resvez.

VALÈRE

Hé bien, je poursuis donc mes pas.
Adieu, Madame.

MARIANE

Adieu, Monsieur.

DORINE

                        Pour moy, je pense
Que vous perdez l'esprit par cette extravagance ;
Et je vous ay laissé tout du long quereller,
Pour voir où tout cela pourroit enfin aller.
Holà ! seigneur Valère.

Elle va l'arrester par le bras, et luy fait mine de grande résistance.

VALÈRE

        Hé, que veux-tu, Dorine ?

DORINE

Venez icy.

VALÈRE

      Non, non, le dépit me domine.
Ne me détourne point de ce qu'elle a voulu.

DORINE

Arrestez.

VALÈRE

      Non, vois-tu, c'est un point résolu.

DORINE

Ah !

MARIANE

    Il souffre à me voir ; ma présence le chasse,
Et je feray bien mieux de luy quitter la place.

DORINE

Elle quitte Valère et court à Mariane.

A l'autre ! — Où courez-vous ?

MARIANE
Laisse.

DORINE
Il faut revenir.

MARIANE
Non, non, Dorine; en vain tu me veux retenir.

VALÈRE
Je voy bien que ma veue est pour elle un supplice,
Et, sans doute, il vaut mieux que je l'en affranchisse.

DORINE
Elle quitte Mariane et court à Valère.
Encor! Diantre soit fait de vous! Si; je le veux.
Cessez ce badinage, et venez çà tous deux.
Elle les tire l'un et l'autre.

VALÈRE
Mais quel est ton dessein?

MARIANE
Qu'est-ce que tu veux faire?

DORINE
Vous bien remettre ensemble, et vous tirer d'affaire.
Estes-vous fou d'avoir un pareil démeslé?

VALÈRE
N'as-tu pas entendu comme elle m'a parlé?

######### DORINE

Estes-vous folle, vous, de vous estre emportée ?

######### MARIANE

N'as-tu pas veu la chose, et comme il m'a traitée ?

######### DORINE

Sottise des deux parts. — Elle n'a d'autre soin
Que de se conserver à vous; j'en suis témoin.
— Il n'aime que vous seule, et n'a point d'autre envie
Que d'estre vostre Espous; j'en répons sur ma vie.

######### MARIANE

Pourquoy donc me donner un semblable conseil ?

######### VALÈRE

Pourquoy m'en demander sur un sujet pareil ?

######### DORINE

Vous estes fous tous deux. Çà, la main, l'un et l'autre.
A Valère :
Allons, vous.

######### VALÈRE *en donnant sa main à Dorine :*

A quoy bon ma main ?

######### DORINE *à Mariane :*

Ah çà ! la vostre.

######### MARIANE *donnant aussi sa main :*

De quoy sert tout cela ?

DORINE

Mon Dieu, viste, avancez.
Vous vous aimez tous deux plus que vous ne pensez.

VALÈRE

Mais ne faites donc point les choses avec peine,
Et regardez un peu les gens sans nulle haine.

Mariane tourne l'œil sur Valère et fait un petit souris.

DORINE

A vous dire le vray, les Amans sont bien fous !

VALÈRE *à Mariane :*

Ho çà, n'ay-je pas lieu de me plaindre de vous,
Et, pour n'en point mentir, n'estes-vous point méchante
De vous plaire à me dire une chose affligeante ?

MARIANE

Mais, vous, n'estes-vous pas l'Homme le plus ingrat...

DORINE

Pour une autre saison laissons tout ce débat,
Et songeons à parer ce fâcheux Mariage.

MARIANE

Dy-nous donc quels ressorts il faut mettre en usage.

DORINE

Nous en ferons agir de toutes les façons.
— Vostre Père se moque, et ce sont des chansons —
Mais, pour vous, il vaut mieux qu'à son extravagance

D'un doux consentement vous prestiez l'apparence,
Afin qu'en cas d'alarme il vous soit plus aisé
De tirer en longueur cet hymen proposé.
En attrapant du temps, à tout on remédie.
Tantost vous payerez de quelque maladie
Qui viendra tout à coup, et voudra des délais;
Tantost vous payerez de présages mauvais;
Vous aurez fait d'un Mort la rencontre fâcheuse,
Cassé quelque Miroir, ou songé d'eau bourbeuse.
Enfin, le bon de tout, c'est qu'à d'autres qu'à luy
On ne peut vous lier que vous ne disiez ouy.
Mais, pour mieux réussir, il est bon, ce me semble,
Qu'on ne vous trouve point tous deux parlant ensemble.
A Valère :
Sortez, et, sans tarder, employez vos amis
Pour vous faire tenir ce qu'on vous a promis.
Nous, allons réveiller les efforts de son Frère,
Et dans nostre Party jeter la Belle-Mère.
Adieu.

VALÈRE *à Mariane.*

Quelques efforts que nous préparions tous,
Ma plus grande espérance, à vray dire, est en vous.

MARIANE *à Valère.*

Je ne vous répons pas des volontés d'un Père,
Mais je ne seray point à d'autre qu'à Valère.

VALÈRE

Que vous me comblez d'aise! Et, quoy que puisse oser...

DORINE

Ah! jamais les Amants ne sont las de jaser.
Sortez, vous dis-je.

VALÈRE, *il fait un pas, et revient.*

Enfin...

DORINE

Quel caquet est le vostre.
Tirez de cette part, et vous, tirez de l'autre.

Les poussant chacun par l'épaule.

ACTE III

SCÈNE PREMIÈRE

DAMIS, DORINE

DAMIS

QUE la foudre, sur l'heure, achève mes destins;
Qu'on me traite partout du plus grand des Faquins,
S'il est aucun respect, ny pouvoir, qui m'arreste,
Et si je ne fais pas quelque coup de ma teste.

DORINE

De grâce, modérez un tel emportement;

Vostre Père n'a fait qu'en parler simplement ;
On n'exécute pas tout ce qui se propose,
Et le chemin est long, du projet à la chose.

DAMIS

Il faut que de ce Fat j'arreste les complots,
Et qu'à l'oreille, un peu, je luy dise deux mots.

DORINE

Ha, tout doux ! Envers luy, comme envers vostre Père,
Laissez agir les soins de vostre Belle-Mère.
Sur l'esprit de Tartuffe elle a quelque crédit ;
Il se rend complaisant à tout ce qu'elle dit,
Et pourroit bien avoir douceur de cœur pour elle.
Plût à Dieu qu'il fût vray ! La chose seroit belle.
Enfin, vostre intérêt l'oblige à le mander ;
Sur l'hymen qui vous trouble elle veut le sonder,
Sçavoir ses sentiments, et luy faire connaistre
Quels fâcheux démeslez il pourra faire naistre,
S'il faut qu'à ce dessein il preste quelque espoir.
Son Valet dit qu'il prie, et je n'ay pu le voir ;
Mais ce Valet m'a dit qu'il s'en alloit descendre.
Sortez donc, je vous prie, et me laissez l'attendre.

DAMIS

Je puis estre présent à tout cet entretien.

DORINE

Point. Ils faut qu'ils soient seuls.

DAMIS

Je ne lui diray rien.

DORINE

Vous vous mocquez. On sçait vos transports ordinaires,
Et c'est le vray moyen de gaster les affaires.
Sortez.

DAMIS

Non. Je veux voir, sans me mettre en courroux.

DORINE

Que vous estes fâcheux ! Il vient. Retirez-vous.

SCÈNE II

TARTUFFE, LAURENT, DORINE

TARTUFFE, *apercevant Dorine.*

Laurent, serrez ma Haire avec ma Discipline,
Et priez que toujours le Ciel vous illumine.
Si l'on vient pour me voir, je vais aux Prisonniers
Des aumosnes que j'ay partager les deniers.

DORINE

Que d'affectation et de forfanterie !

TARTUFFE

Que voulez-vous ?

DORINE
Vous dire...

TARTUFFE
Il tire un mouchoir de sa poche :

Ah! mon Dieu! je vous prie,
Avant que de parler, prenez-moy ce mouchoir.

DORINE
Comment!

TARTUFFE
Couvrez ce sein, que je ne sçaurois voir.
Par de pareils objets les âmes sont blessées,
Et cela fait venir de coupables pensées.

DORINE
Vous estes donc bien tendre à la tentation,
Et la Chair, sur vos sens, fait grande impression?
Certes, je ne sçay pas quelle chaleur vous monte;
Mais à convoiter, moy, je ne suis pas si promte,
Et je vous verrois nu, du haut jusques en bas,
Que toute vostre peau ne me tenteroit pas.

TARTUFFE
Mettez dans vos discours un peu de modestie,
Ou je vais, sur-le-champ, vous quitter la partie.

DORINE
Non, non; c'est moy qui vais vous laisser en repos,

Et je n'ay seulement qu'à vous dire deux mots.
Madame va venir dans cette salle basse,
Et d'un mot d'entretien vous demande la grâce.

TARTUFFE

Hélas ! très-volontiers.

DORINE *en soy-mesme :*

           Comme il se radoucit !
Ma foy, je suis toujours pour ce que j'en ay dit.

TARTUFFE

Viendra-t-elle bientost ?

DORINE

           Je l'entens, ce me semble.
Ouy, c'est elle en personne, et je vous laisse ensemble.

SCÈNE III

ELMIRE, TARTUFFE

TARTUFFE

Que le Ciel à jamais, par sa toute bonté,
Et de l'âme, et du corps, vous donne la santé,
Et bénisse vos jours autant que le desire
Le plus humble de ceux que son amour inspire.

ELMIRE

Je suis fort obligée à ce souhait pieux ;
Mais prenons une chaise, afin d'estre un peu mieux.

TARTUFFE

Comment, de vostre mal, vous sentez-vous remise ?

ELMIRE

Fort bien, et cette fièvre a bientost quitté prise.

TARTUFFE

Mes prières n'ont pas le mérite qu'il faut
Pour avoir attiré cette grâce d'En-haut ;
Mais je n'ay fait au Ciel nulle dévote instance
Qui n'ait eu pour objet vostre convalescence.

ELMIRE

Vostre zèle pour moy s'est trop inquiété.

TARTUFFE

On ne peut trop chérir vostre chère santé ;
Et, pour la rétablir, j'aurois donné la mienne.

ELMIRE

C'est pousser bien avant la charité Chrestienne,
Et je vous dois beaucoup pour toutes ces bontez.

TARTUFFE

Je fais bien moins pour vous que vous ne méritez.

ELMIRE

J'ay voulu vous parler en secret d'une affaire,
Et suis bien ayse, icy, qu'aucun ne nous éclaire.

TARTUFFE

J'en suis ravy de mesme, et, sans doute, il m'est doux,
Madame, de me voir seul à seul avec vous.
C'est une occasion qu'au Ciel j'ay demandée,
Sans que, jusqu'à cette heure, il me l'ait accordée.

ELMIRE

Pour moy, ce que je veux, c'est un mot d'entretien,
Où tout vostre cœur s'ouvre, et ne me cache rien.

TARTUFFE

Et je ne veux aussi, pour grâce singulière,
Que montrer à vos yeux mon âme toute entière,
Et vous faire serment que les bruits que j'ay faits
Des visites qu'icy reçoivent vos attraits
Ne sont pas, envers vous, l'effet d'aucune haine,
Mais plutost d'un transport de zèle qui m'entraîne,
Et d'un pur mouvement...

ELMIRE

        Je le prends bien aussy,
Et crois que mon Salut vous donne ce soucy.

TARTUFFE
Il luy serre le bout des doigts.

Ouy, Madame, sans doute ; et ma ferveur est telle...

ELMIRE

Ouf! Vous me serrez trop.

TARTUFFE

C'est par excès de zèle.
De vous faire aucun mal je n'eus jamais dessein,
Et j'aurois bien plutost...

Il luy met la main sur le genou.

ELMIRE

Que fait là vostre main ?

TARTUFFE

Je taste votre habit. L'étoffe en est mouelleuse.

ELMIRE

Ah ! de grâce, laissez; je suis fort chatouilleuse.

Elmire recule sa chaise, et Tartuffe rapproche la sienne.

TARTUFFE

Mon Dieu! que de ce Point l'ouvrage est merveilleux!
On travaille aujourd'huy d'un air miraculeux;
Jamais, en toute chose, on n'a veu si bien faire.

ELMIRE

Il est vray. Mais parlons un peu de nostre affaire.
On tient que mon Mary veut dégager sa foy,
Et vous donner sa Fille. Est-il vray, dites-moy ?

TARTUFFE

Il m'en a dit deux mots; mais, Madame, à vray dire,

Ce n'est pas le bonheur après quoy je soupire ;
Et je vois autre part les merveilleux attraits
De la félicité qui fait tous mes souhaits.

ELMIRE

C'est que vous n'aimez rien des choses de la Terre.

TARTUFFE

Mon sein n'enferme point un cœur qui soit de pierre.

ELMIRE

Pour moy, je croy qu'au Ciel tendent tous vos soupirs,
Et que rien, icy-bas, n'arreste vos desirs.

TARTUFFE

L'amour qui nous attache aux Beautez éternelles
N'étouffe pas en nous l'amour des temporelles.
Nos sens facilement peuvent estre charmez
Des ouvrages parfaits que le Ciel a formez.
Ses attraits réfléchis brillent dans vos pareilles,
Mais il étale en vous ses plus rares merveilles ;
Il a sur vostre face épanché des beautez
Dont les yeux sont surpris, et les cœurs transportez,
Et je n'ay pu vous voir, parfaite créature,
Sans admirer en vous l'Autheur de la Nature,
Et d'un ardent amour sentir mon cœur atteint,
Au plus beau des Portraits où luy-mesme il s'est peint.
D'abord j'appréhenday que cette ardeur secrette

Ne fût du noir Esprit une surprise adroite;
Et mesme à fuir vos yeux mon cœur se résolut,
Vous croyant un obstacle à faire mon Salut.
Mais enfin je connus, ô Beauté toute aimable,
Que cette passion peut n'estre point coupable,
Que je puis l'ajuster avecque la pudeur,
Et c'est ce qui m'y fait abandonner mon cœur.
Ce m'est, je le confesse, une audace bien grande
Que d'oser de ce cœur vous adresser l'offrande;
Mais j'attends, en mes vœux, tout de vostre bonté,
Et rien des vains efforts de mon infirmité.
En vous est mon espoir, mon bien, ma quiétude;
De vous dépend ma peine, ou ma béatitude;
Et je vais estre enfin, par vostre seul Arrest,
Heureux, si vous voulez; malheureux, s'il vous plaist.

ELMIRE

La déclaration est tout à fait galante;
Mais elle est, à vray dire, un peu bien surprenante.
Vous deviez, ce me semble, armer mieux vostre sein,
Et raisonner un peu sur un pareil dessein.
Un Dévot comme vous, et que partout on nomme...

TARTUFFE

Ah! pour estre Dévot, je n'en suis pas moins Homme,
Et, lors qu'on vient à voir vos célestes appas,
Un cœur se laisse prendre, et ne raisonne pas.

Je sçay qu'un tel discours de moy paroist étrange;
Mais, Madame, après tout, je ne suis pas un Ange,
Et, si vous condamnez l'aveu que je vous fais,
Vous devez vous en prendre à vos charmants attraits.
Dès que j'en vis briller la splendeur plus qu'humaine,
De mon intérieur vous fûtes souveraine ;
De vos regards divins l'ineffable douceur
Força la résistance où s'obstinoit mon cœur ;
Elle surmonta tout, jeusnes, prières, larmes,
Et tourna tous mes vœux du costé de vos charmes.
Mes yeux et mes soupirs vous l'ont dit mille fois,
Et, pour mieux m'expliquer, j'employe icy la voix.
Que si vous contemplez d'une âme un peu bénigne
Les tribulations de vostre esclave indigne;
S'il faut que vos bontez veuillent me consoler,
Et jusqu'à mon néant daignent se ravaler,
J'auray toujours pour vous, ô suave merveille!
Une dévotion à nulle autre pareille.
Vostre honneur, avec moy, ne court point de hasard,
Et n'a nulle disgrâce à craindre de ma part.
Tous ces Galans de Cour, dont les Femmes sont foles,
Sont bruyans dans leurs faits, et vains dans leurs paroles;
De leurs progrès sans cesse on les voit se targuer;
Ils n'ont point de faveurs qu'ils n'aillent divulguer,
Et leur langue indiscrète, en qui l'on se confie,
Déshonore l'Autel où leur cœur sacrifie.

Mais les Gens comme nous brûlent d'un feu discret,
Avec qui, pour toujours, on est seur du secret.
Le soin que nous prenons de nostre renommée
Répond de toute chose à la Personne aimée ;
Et c'est en nous qu'on trouve, acceptant nostre cœur,
De l'amour sans scandale et du plaisir sans peur.

ELMIRE

Je vous écoute dire, et votre Réthorique
En termes assez forts à mon âme s'explique.
N'appréhendez-vous point que je ne sois d'humeur
A dire à mon Mary cette galante ardeur,
Et que le prompt avis d'un amour de la sorte
Ne pust bien altérer l'amitié qu'il vous porte ?

TARTUFFE

Je sçay que vous avez trop de bénignité,
Et que vous ferez grâce à ma témérité ;
Que vous m'excuserez, sur l'humaine foiblesse,
Des violens transports d'un amour qui vous blesse,
Et considérerez, en regardant vostre air,
Que l'on n'est pas aveugle, et qu'un Homme est de chair.

ELMIRE

D'autres prendroient cela d'autre façon, peut-estre ;
Mais ma discrétion veut se faire parestre.
Je ne rediray point l'affaire à mon Epous ;
Mais je veux, en revanche, une chose de vous.

C'est de presser tout franc, et sans nulle chicane,
L'union de Valère avecque Mariane,
De renoncer vous-mesme à l'injuste pouvoir
Qui veut du bien d'un autre enrichir vostre espoir ;
Et...

SCÈNE IV

ELMIRE, DAMIS, TARTUFFE

DAMIS
sortant du petit Cabinet où il s'estoit retiré.

Non, Madame, non ; cecy doit se répandre.
J'estois en cet endroit, d'où j'ay pu tout entendre,
Et la bonté du Ciel m'y semble avoir conduit
Pour confondre l'orgueil d'un Traistre qui me nuit,
Pour m'ouvrir une voye à prendre la vangeance
De son hypocrisie et de son insolence,
A détromper mon Père, et luy mettre en plein jour
L'âme d'un Scélérat qui vous parle d'amour.

ELMIRE

Non, Damis. Il suffit qu'il se rende plus sage,
Et tâche à mériter la grâce où je m'engage.
Puis que je l'ay promis, ne m'en dédites pas.
Ce n'est point mon humeur de faire des éclats ;

Une Femme se rit de sottises pareilles,
Et jamais d'un Mary n'en trouble les oreilles.

DAMIS

Vous avez vos raisons pour en user ainsy,
Et, pour faire autrement, j'ay les miennes aussy.
Le vouloir épargner est une raillerie;
Et l'insolent orgueil de sa Cagotterie
N'a triomphé que trop de mon juste courrous,
Et que trop excité de désordre chez nous.
Le Fourbe, trop long-temps, a gouverné mon Père,
Et desservy mes feux avec ceux de Valère;
Il faut que du perfide il soit désabusé,
Et le Ciel, pour cela, m'offre un moyen aisé.
De cette occasion je luy suis redevable,
Et, pour la négliger, elle est trop favorable.
Ce seroit mériter qu'il me la vinst ravir,
Que de l'avoir en main et ne m'en pas servir.

ELMIRE

Damis...

DAMIS

      Non; s'il vous plaît, il faut que je me croye.
Mon âme est maintenant au comble de sa joye,
Et vos discours en vain prétendent m'obliger
A quitter le plaisir de me pouvoir vanger.
Sans aller plus avant, je vais vuider l'affaire;
Et voicy justement de quoy me satisfaire.

SCÈNE V

ORGON, DAMIS, TARTUFFE, ELMIRE

DAMIS

Nous allons régaler, mon Père, vostre abord
D'un incident, tout frais, qui vous surprendra fort.
Vous estes bien payé de toutes vos caresses,
Et Monsieur d'un beau prix reconnoist vos tendresses.
Son grand zèle pour vous vient de se déclarer;
Il ne va pas à moins qu'à vous des-honorer;
Et je l'ay surpris, là, qui faisoit à Madame
L'injurieux aveu d'une coupable flâme.
Elle est d'une humeur douce, et son cœur, trop discret,
Vouloit, à toute force, en garder le secret;
Mais je ne puis flatter une telle impudence,
Et crois que vous la taire est vous faire une offence.

ELMIRE

Ouy, je tiens que jamais de tous ces vains propos
On ne doit d'un Mary traverser le repos;
Que ce n'est point de là que l'honneur peut dépendre,
Et qu'il suffit, pour nous, de sçavoir nous défendre.
Ce sont mes sentimens, et vous n'auriez rien dit,
Damis, si j'avois eu sur vous quelque crédit.

SCÈNE VI

ORGON, DAMIS, TARTUFFE

ORGON

Ce que je viens d'entendre, ô Ciel! est-il croyable?

TARTUFFE

Ouy, mon Frère. Je suis un méchant, un coupable,
Un malheureux Pécheur, tout plein d'iniquité,
Le plus grand scélérat qui jamais ait esté.
Chaque instant de ma vie est chargé de souillures ;
Elle n'est qu'un amas de crimes, et d'ordures,
Et je voy que le Ciel, pour ma punition,
Me veut mortifier en cette occasion.
De quelque grand forfait qu'on me puisse reprendre,
Je n'ay garde d'avoir l'orgueil de m'en défendre.
Croyez ce qu'on vous dit; armez vostre courroux,
Et comme un Criminel chassez-moy de chez vous.
Je ne sçaurois avoir tant de honte en partage
Que je n'en aye encor mérité davantage.

ORGON à son Fils.

Ah! traistre, oses-tu bien, par cette fausseté,
Vouloir de sa vertu ternir la pureté?

DAMIS

Quoy ! La feinte douceur de cette âme hypocrite
Vous fera démentir...

ORGON

Tay-toy, peste maudite !

TARTUFFE

Ah ! laissez-le parler ; vous l'accusez à tort,
Et vous ferez bien mieux de croire à son raport.
Pourquoy, sur un tel fait, m'estre si favorable ?
Sçavez-vous, après tout, de quoy je suis capable ?
Vous fiez-vous, mon Frère, à mon extérieur ?
Et, pour tout ce qu'on voit, me croyez-vous meilleur ?
Non, non ; vous vous laissez tromper à l'apparence,
Et je ne suis rien moins, hélas ! que ce qu'on pense.
Tout le monde me prend pour un Homme de bien ;
Mais la vérité pure, est, que je ne vaux rien.
S'adressant à Damis :
Ouy, mon cher Fils, parlez ; traitez-moy de perfide,
D'infâme, de perdu, de voleur, d'homicide ;
Accablez-moy de noms encor plus détestez.
Je n'y contredis point, je les ay méritez ;
Et j'en veux à genoux souffrir l'ignominie,
Comme une honte deue aux crimes de ma vie.

ORGON

A Tartuffe :
Mon Frère, c'en est trop.

A son Fils :
Ton cœur ne se rend point,
Traistre !

DAMIS

Quoy ! Ses discours vous séduiront au poinct...

ORGON

Tay-toy, pendard !

A Tartuffe :
Mon Frère, ah, levez-vous de grâce,

A son Fils :
Infâme !

DAMIS

Il peut...

ORGON

Tay-toy !

DAMIS

J'enrage. Quoy ! je passe...

ORGON

Si tu dis un seul mot, je te rompray les bras.

TARTUFFE

Mon Frère, au nom de Dieu, ne vous emportez pas !
J'aimerois mieux souffrir la peine la plus dure
Qu'il eût reçeu pour moy la moindre égratignure.

ORGON *à son Fils :*

Ingrat !

TARTUFFE

Laissez-le en paix. S'il faut, à deux genous,
Vous demander sa grâce...

ORGON *à Tartuffe* :

Hélas! Vous mocquez-vous?

A son Fils :
Coquin, voy sa bonté!

DAMIS

Donc...

ORGON

Paix.

DAMIS

Quoy, je...

ORGON

Paix, dis-je.
Je sçay bien quel motif à l'attaquer t'oblige.
Vous le haïssez tous, et je vois, aujourd'huy,
Femme, Enfans et Valets, déchaînez contre luy.
On met impudemment toute chose en usage
Pour oster de chez moy ce dévot Personnage;
Mais, plus on fait d'effort afin de l'en bannir,
Plus j'en veux employer à l'y mieux retenir,
Et je vais me haster de luy donner ma Fille,
Pour confondre l'orgueil de toute ma Famille.

DAMIS

A recevoir sa main on pense l'obliger ?

ORGON

Ouy, traistre, et dès ce soir, pour vous faire enrager.
Ah! je vous brave tous, et vous feray connoistre
Qu'il faut qu'on m'obéisse, et que je suis le Maistre.
Allons, qu'on se rétracte, et qu'à l'instant, fripon,
On se jette à ses pieds, pour demander pardon.

DAMIS

Qui, moy ? de ce coquin, qui, par ses impostures...

ORGON

Ah ! tu résistes, gueux, et luy dis des injures !
Un baston ! un baston !

A Tartuffe :

Ne me retenez pas!

A son Fils :

Sus ! que de ma Maison on sorte de ce pas,
Et que d'y revenir on n'ait jamais l'audace.

DAMIS

Ouy, je sortiray, mais...

ORGON

Viste, quittons la place.
Je te prive, pendard, de ma succession,
Et te donne, de plus, ma malédiction.

SCÈNE VII

ORGON, TARTUFFE

ORGON

Offencer de la sorte une sainte Personne!

TARTUFFE

O Ciel, pardonne-luy la douleur qu'il me donne!
A Orgon :
Si vous pouviez sçavoir avec quel déplaisir
Je vois qu'envers mon Frère on tâche à me noircir...

ORGON

Hélas!

TARTUFFE

Le seul penser de cette ingratitude
Fait souffrir à mon âme un supplice si rude...
L'horreur que j'en conçoy... J'ay le cœur si serré
Que je ne puis parler, et croy que j'en mourray.

ORGON
Il court tout en larmes à la Porte par où il a chassé son Fils.

Coquin! Je me repens que ma main t'ait fait grâce,
Et ne t'ait pas d'abord assommé sur la place.
— Remettez-vous, mon Frère, et ne vous fâchez pas.

TARTUFFE

Rompons, rompons le cours de ces fâcheux débats.
Je regarde céans quels grans troubles j'apporte,
Et croy qu'il est besoin, mon Frère, que j'en sorte.

ORGON

Comment ? Vous mocquez-vous ?

TARTUFFE

On m'y hait, et je voy
Qu'on cherche à vous donner des soupçons de ma foy.

ORGON

Qu'importe ? Voyez-vous que mon cœur les écoute ?

TARTUFFE

On ne manquera pas de poursuivre, sans doute ;
Et ces mesmes raports, qu'icy vous rejettez,
Peut-estre, une autre fois, seront-ils écoutez.

ORGON

Non, mon Frère, jamais.

TARTUFFE

Ah ! mon Frère, une Femme
Aisément d'un Mary peut bien surprendre l'âme.

ORGON

Non, non.

TARTUFFE

Laissez-moy viste, en m'éloignant d'icy,

Leur oster tout sujet de m'attaquer ainsy.

ORGON

Non, vous demeurerez; il y va de ma vie.

TARTUFFE

Hé bien, il faudra donc que je me mortifie.
Pourtant, si vous vouliez...

ORGON

Ah!

TARTUFFE

Soit, n'en parlons plus.
Mais je sçay comme il faut en user là-dessus.
L'honneur est délicat, et l'amitié m'engage
A prévenir les bruits, et les sujets d'ombrage.
Je fuiray vostre Epouse, et vous ne me verrez...

ORGON

Non, en dépit de tous, vous la fréquenterez.
Faire enrager le monde est ma plus grande joye,
Et je veux qu'à toute heure avec elle on vous voye.
Ce n'est pas tout encor. Pour les mieux braver tous,
Je ne veux point avoir d'autre héritier que vous;
Et je vais, de ce pas, en fort bonne manière,
Vous faire de mon bien donation entière.
Un bon et franc Amy, que pour Gendre je prens,
M'est bien plus cher que Fils, que Femme et que Parens
N'accepterez-vous pas ce que je vous propose ?

TARTUFFE

La volonté du Ciel soit faite en toute chose.

ORGON

Le pauvre homme! Allons viste en dresser un Ecrit,
Et que puisse l'Envie en crever de dépit!

ACTE IV

SCÈNE PREMIÈRE.

CLÉANTE, TARTUFFE

CLÉANTE

Uy, tout le monde en parle, et vous m'en pouvez croire.
L'éclat que fait ce bruit n'est point à vostre gloire;
Et je vous ay trouvé, Monsieur, fort à propos
Pour vous en dire net ma pensée, en deux mots.
Je n'examine point à fond ce qu'on expose;
Je passe là-dessus, et prens au pis la chose.

Supposons que Damis n'en ait pas bien usé,
Et que ce soit à tort qu'on vous ait accusé;
N'est-il pas d'un Chrestien de pardonner l'offence,
Et d'éteindre en son cœur tout desir de vangeance?
Et devez-vous souffrir, pour vostre démeslé,
Que du logis d'un Père un Fils soit exilé?
Je vous le dis encor, et parle avec franchise,
Il n'est petit, ny grand, qui ne s'en scandalise;
Et, si vous m'en croyez, vous pacifierez tout,
Et ne pousserez point les affaires à bout.
Sacrifiez à Dieu toute vostre colère,
Et remettez le Fils en grâce avec le Père.

TARTUFFE

Hélas! je le voudrois, quant à moy, de bon cœur;
Je ne garde pour luy, Monsieur, aucune aigreur;
Je luy pardonne tout, de rien je ne le blâme,
Et voudrois le servir du meilleur de mon âme.
Mais l'intérest du Ciel n'y sçauroit consentir;
Et, s'il rentre céans, c'est à moy d'en sortir.
Après son action, qui n'eut jamais d'égale,
Le commerce entre nous porteroit du scandale;
Dieu sçait ce que d'abord tout le monde en croiroit!
A pure politique on me l'imputeroit,
Et l'on diroit partout que, me sentant coupable,
Je feins, pour qui m'accuse, un zèle charitable;

Que mon cœur l'apréhende, et veut le ménager
Pour le pouvoir, sous main, au silence engager.

CLÉANTE

Vous nous payez icy d'excuses colorées,
Et toutes vos raisons, Monsieur, sont trop tirées.
Des intérests du Ciel pourquoy vous chargez-vous ?
Pour punir le coupable, a-t-il besoin de nous ?
Laissez-luy, laissez-luy le soin de ses vangeances,
Ne songez qu'au pardon qu'il prescrit des offences,
Et ne regardez point aux jugements humains
Quand vous suivez du Ciel les ordres souverains.
Quoy ! le foible intérest de ce qu'on pourra croire
D'une bonne action empeschera la gloire !
Non, non ; faisons toujours ce que le Ciel prescrit,
Et d'aucun autre soin ne nous brouillons l'esprit.

TARTUFFE

Je vous ay déjà dit que mon cœur luy pardonne,
Et c'est faire, Monsieur, ce que le Ciel ordonne ;
Mais, après le scandale et l'affront d'aujourd'huy,
Le Ciel n'ordonne pas que je vive avec luy.

CLÉANTE

Et vous ordonne-t-il, Monsieur, d'ouvrir l'oreille
A ce qu'un pur caprice à son Père conseille,
Et d'accepter le don qui vous est fait d'un bien
Où le Droict vous oblige à ne prétendre rien ?

TARTUFFE

Ceux qui me connoistront n'auront pas la pensée
Que ce soit un effet d'une âme intéressée.
Tous les biens de ce Monde ont pour moy peu d'appas;
De leur éclat trompeur je ne m'éblouis pas;
Et, si je me résous à recevoir du Père
Cette donation qu'il a voulu me faire,
Ce n'est, à dire vray, que parce que je crains
Que tout ce bien ne tombe en de méchantes mains;
Qu'il ne trouve des Gens qui, l'ayant en partage,
En fassent, dans le Monde, un criminel usage,
Et ne s'en servent pas, ainsi que j'ay dessein,
Pour la gloire du Ciel, et le bien du Prochain.

CLÉANTE

Eh, Monsieur, n'ayez point ces délicates craintes,
Qui d'un juste Héritier peuvent causer les plaintes.
Souffrez, sans vous vouloir embarrasser de rien,
Qu'il soit, à ses périls, possesseur de son bien;
Et songez qu'il vaut mieux encor qu'il en mésuse,
Que si de l'en frustrer il faut qu'on vous accuse.
J'admire seulement que, sans confusion,
Vous en ayez souffert la proposition.
Car, enfin, le vray zèle a-t-il quelque maxime
Qui montre à dépouiller l'Héritier légitime ?
Et, s'il faut que le Ciel dans vostre cœur ait mis

Un invincible obstacle à vivre avec Damis,
Ne vaudroit-il pas mieux qu'en Personne discrette,
Vous fissiez de céans une honneste retraite,
Que de souffrir ainsi, contre toute raison,
Qu'on en chasse, pour vous, le Fils de la Maison ?
Croyez-moy, c'est donner de vostre prud'homie,
Monsieur,...

TARTUFFE

    Il est, Monsieur, trois heures et demie ;
Certain devoir pieux me demande là-haut,
Et vous m'excuserez de vous quitter si tost.

CLÉANTE

Ah !

SCÈNE II

ELMIRE, MARIANE, DORINE, CLÉANTE

DORINE

    De grâce, avec nous employez-vous pour elle ;
Monsieur, son âme souffre une douleur mortelle,
Et l'accord, que son Père a conclu pour ce soir,
La fait en tous moments entrer en désespoir.
Il va venir. Joignons nos efforts, je vous prie,
Et tâchons d'ébranler, de force ou d'industrie,
Ce malheureux dessein, qui nous a tous troublez.

SCÈNE III

ORGON, ELMIRE, MARIANE, CLÉANTE, DORINE

ORGON

Ha, je me réjouis de vous voir assemblez.
  A Mariane :
Je porte en ce Contract de quoy vous faire rire,
Et vous sçavez déjà ce que cela veut dire.

MARIANE *à genous.*

Mon Père, au nom du Ciel, qui connoist ma douleur,
Et par tout ce qui peut émouvoir vostre cœur,
Relâchez-vous un peu des droicts de la naissance,
Et dispensez mes vœux de cette obéissance.
Ne me réduisez point, par cette dure loy,
Jusqu'à me plaindre au Ciel de ce que je vous doy ;
Et cette vie, hélas ! que vous m'avez donnée,
Ne me la rendez pas, mon Père, infortunée.
Si, contre un doux espoir que j'avois pu former,
Vous me défendez d'estre à ce que j'ose aimer,
Au moins, par vos bontez, qu'à vos genous j'implore,
Sauvez-moy du tourment d'estre à ce que j'abhorre ;
Et ne me portez point à quelque désespoir,
En vous servant sur moy de tout vostre pouvoir.

ORGON *se sentant attendrir*.

Allons, ferme, mon Cœur; point de foiblesse humaine!

MARIANE

Vos tendresses pour luy ne me font point de peine;
Faites-les éclater, donnez-luy vostre bien,
Et, si ce n'est assez, joignez-y tout le mien;
J'y consens de bon cœur, et je vous l'abandonne :
Mais, au moins, n'allez pas jusques à ma personne,
Et souffrez qu'un Couvent, dans les austéritez,
Use les tristes jours que le Ciel m'a contez.

ORGON

Ah! Voilà justement de mes Religieuses,
Lors qu'un Père combat leurs flammes amoureuses!
Debout. Plus vostre cœur répugne à l'accepter,
Plus ce sera pour vous matière à mériter.
Mortifiez vos sens avec ce Mariage,
Et ne me rompez pas la teste davantage.

DORINE

Mais quoy!...

ORGON

Taisez-vous, vous. Parlez à vostre écot.
Je vous défends, tout net, d'oser dire un seul mot.

CLÉANTE

Si par quelque conseil vous souffrez qu'on réponde...

ORGON

Mon Frère, vos conseils sont les meilleurs du monde;
Ils sont bien raisonnez, et j'en fais un grand cas;
Mais vous trouverez bon que je n'en use pas.

ELMIRE *à son Mary.*

A voir ce que je voy, je ne sçay plus que dire,
Et vostre aveuglement fait que je vous admire.
C'est estre bien coiffé, bien prévenu de luy,
Que de nous démentir sur le fait d'aujourd'huy!

ORGON

Je suis vostre Valet, et crois les apparences.
Pour mon fripon de Fils je sçay vos complaisances,
Et vous avez eu peur de le désavouer
Du trait qu'à ce pauvre Homme il a voulu jouer.
Vous estiez trop tranquille, enfin, pour estre creue,
Et vous auriez paru d'autre manière émeue.

ELMIRE

Est-ce qu'au simple aveu d'un amoureux transport
Il faut que nostre honneur se gendarme si fort?
Et ne peut-on répondre à tout ce qui le touche,
Que le feu dans les yeux, et l'injure à la bouche?
Pour moy, de tels propos je me ris simplement,
Et l'éclat, là-dessus, ne me plaist nullement.
J'aime qu'avec douceur nous nous montrions sages,
Et ne suis point, du tout, pour ces Prudes sauvages

Dont l'honneur est armé de griffes et de dents,
Et veut, au moindre mot, dévisager les Gens.
Me préserve le Ciel d'une telle sagesse !
Je veux une Vertu qui ne soit point Diablesse,
Et croy que d'un refus la discrète froideur
N'en est pas moins puissante à rebuter un cœur.

ORGON

Enfin je sçay l'affaire, et ne prens point le change.

ELMIRE

J'admire, encor un coup, cette foiblesse étrange.
Mais que me répondroit vostre incrédulité,
Si je vous faisois voir qu'on vous dit vérité ?

ORGON

Voir !

ELMIRE

Ouy.

ORGON

Chansons.

ELMIRE

Mais quoy ! si je trouvois manière
De vous le faire voir avec pleine lumière ?

ORGON

Contes en l'air.

ELMIRE

Quel homme ! Au moins, répondez-moy.
Je ne vous parle pas de nous adjouter foy ;

Mais supposons icy que, d'un lieu qu'on peut prendre,
On vous fist, clairement, tout voir et tout entendre.
Que diriez-vous alors de vostre Homme de bien ?

ORGON

En ce cas, je dirois que... Je ne dirois rien,
Car cela ne se peut.

ELMIRE

    L'erreur trop longtemps dure,
Et c'est trop condamner ma bouche d'imposture.
Il faut que, par plaisir, et sans aller plus loin,
De tout ce qu'on vous dit je vous fasse témoin.

ORGON

Soit, je vous prends au mot. Nous verrons vostre adresse,
Et comment vous pourrez remplir cette promesse.

ELMIRE à *Dorine.*

Faites-le-moy venir.

DORINE

    Son esprit est rusé,
Et, peut-estre, à surprendre il sera malaisé.

ELMIRE à *Dorine.*

Non ; on est aisément dupé par ce qu'on aime,
Et l'amour-propre engage à se tromper soy-mesme.
Faites-le-moy descendre.

Parlant à Cléante et à Mariane :
    Et vous, retirez-vous,

SCÈNE IV

ELMIRE, ORGON

ELMIRE

Approchons cette Table, et vous mettez dessous.

ORGON

Comment !

ELMIRE

Vous bien cacher est un point nécessaire.

ORGON

Pourquoy sous cette Table ?

ELMIRE

Ah, mon Dieu, laissez faire ;
J'ay mon dessein en tête, et vous en jugerez.
Mettez-vous là, vous dis-je ; et, quand vous y serez,
Gardez qu'on ne vous voye, et qu'on ne vous entende.

ORGON

Je confesse qu'icy ma complaisance est grande ;
Mais de vostre entreprise il vous faut voir sortir.

ELMIRE

Vous n'aurez, que je croy, rien à me répartir.
A son Mary qui est sous la Table :
Au moins, je vais toucher une étrange matière,

Ne vous scandalisez en aucune manière.
Quoy que je puisse dire, il doit m'estre permis,
Et c'est pour vous convaincre, ainsi que j'ay promis.
Je vais par des douceurs, puis que j'y suis réduite,
Faire poser le masque à cette âme hypocrite,
Flater de son amour les desirs effrontez,
Et donner un champ libre à ses téméritez.
Comme c'est pour vous seul, et pour mieux le confondre,
Que mon âme à ses vœux va feindre de répondre,
J'auray lieu de cesser dès que vous vous rendrez,
Et les choses n'iront que jusqu'où vous voudrez.
C'est à vous d'arrester son ardeur insensée
Quand vous croirez l'affaire assez avant poussée ;
D'épargner vostre Femme, et de ne m'exposer
Qu'à ce qu'il vous faudra pour vous désabuser.
Ce sont vos intérests, vous en serez le maistre,
Et... L'on vient. Tenez-vous, et gardez de paroistre.

SCÈNE V

TARTUFFE, ELMIRE, ORGON

TARTUFFE

On m'a dit qu'en ce lieu vous me vouliez parler.

ELMIRE

Ouy. L'on a des secrets à vous y révéler.

Mais tirez cette Porte, avant qu'on vous les dise,
Et regardez partout, de crainte de surprise.
— Une affaire pareille à celle de tantôt
N'est pas assurément icy ce qu'il nous faut.
Jamais il ne s'est veu de surprise de mesme.
Damis m'a fait, pour vous, une frayeur extrême;
Et vous avez bien veu que j'ay fait mes efforts
Pour rompre son dessein et calmer ses transports.
Mon trouble, il est bien vray, m'a si fort possédée
Que de le démentir je n'ay point eu l'idée;
Mais par là, grâce au Ciel, tout a bien mieux esté,
Et les choses en sont dans plus de seureté.
L'estime où l'on vous tient a dissipé l'orage,
Et mon Mary de vous ne peut prendre d'ombrage.
Pour mieux braver l'éclat des mauvais jugemens,
Il veut que nous soyons ensemble à tous momens;
Et c'est par où je puis, sans peur d'estre blâmée,
Me trouver icy seule avec vous enfermée,
Et ce qui m'authorise à vous ouvrir un cœur
Un peu trop promt, peut-estre, à souffrir vostre ardeur.

TARTUFFE

Ce langage, à comprendre, est assez difficile,
Madame, et vous parliez tantost d'un autre style.

ELMIRE

Ah! si d'un tel refus vous estes en courrous,

Que le cœur d'une Femme est mal connu de vous !
Et que vous sçavez peu ce qu'il veut faire entendre
Lors que si foiblement on le voit se défendre !
Toujours nostre pudeur combat, dans ces momens,
Ce qu'on peut nous donner de tendres sentimens.
Quelque raison qu'on trouve à l'amour qui nous domte,
On trouve à l'avouer toujours un peu de honte.
On s'en défend d'abord; mais de l'air qu'on s'y prend
On fait connoistre assez que nostre cœur se rend;
Qu'à nos vœux, par honneur, nostre bouche s'oppose,
Et que de tels refus promettent toute chose.
C'est vous faire sans doute un assez libre aveu,
Et sur nostre pudeur me ménager bien peu.
Mais, puis que la parole enfin en est lâchée,
A retenir Damis me serois-je attachée ?
Aurois-je, je vous prie, avec tant de douceur,
Ecouté tout au long l'offre de vostre cœur ?
Aurois-je pris la chose ainsi qu'on m'a veu faire,
Si l'offre de ce cœur n'eust eu de quoy me plaire ?
Et, lors que j'ay voulu moy-mesme vous forcer
A refuser l'hymen qu'on venoit d'anoncer,
Qu'est-ce que cette instance a dû vous faire entendre,
Que l'intérest qu'en vous on s'avise de prendre,
Et l'ennuy qu'on auroit que ce nœud qu'on résout
Vînst partager du moins un cœur que l'on veut tout ?

TARTUFFE

C'est sans doute, Madame, une douceur extrême
Que d'entendre ces mots d'une bouche qu'on aime ;
Leur miel, dans tous mes sens, fait couler à longs traits
Une suavité qu'on ne gousta jamais.
Le bonheur de vous plaire est ma suprême étude,
Et mon cœur de vos vœux fait sa béatitude ;
Mais ce cœur vous demande icy la liberté
D'oser douter un peu de sa félicité.
Je puis croire ces mots un artifice honneste
Pour m'obliger à rompre un hymen qui s'appreste ;
Et, s'il faut librement m'expliquer avec vous,
Je ne me fieray point à des propos si dous
Qu'un peu de vos faveurs, après quoy je soupire,
Ne vienne m'assurer tout ce qu'ils m'ont pu dire,
Et planter dans mon âme une constante foy
Des charmantes bontez que vous avez pour moy.

ELMIRE

Elle tousse pour avertir son Mary.

Quoy ! vous voulez aller avec cette vitesse,
Et d'un cœur, tout d'abord, épuiser la tendresse ?
On se tue à vous faire un aveu des plus dous,
Cependant ce n'est pas encore assez pour vous,
Et l'on ne peut aller jusqu'à vous satisfaire
Qu'aux dernières faveurs on ne pousse l'affaire ?

TARTUFFE

Moins on mérite un bien, moins on l'ose espérer;
Nos vœux, sur des discours, ont peine à s'assurer.
On soupçonne aisément un sort tout plein de gloire,
Et l'on veut en jouir, avant que de le croire.
Pour moy, qui crois si peu mériter vos bontez,
Je doute du bonheur de mes téméritez;
Et je ne croiray rien, que vous n'ayez, Madame,
Par des réalitez sçeu convaincre ma flâme.

ELMIRE

Mon Dieu, que vostre Amour en vray Tyran agit,
Et qu'en un trouble étrange il me jette l'esprit!
Que sur les cœurs il prend un furieux empire,
Et qu'avec violence il veut ce qu'il desire!
Quoy! de vostre poursuite on ne peut se parer,
Et vous ne donnez pas le temps de respirer?
Sied-il bien de tenir une rigueur si grande,
De vouloir, sans cartier, les choses qu'on demande?
Et d'abuser ainsi, par vos efforts pressants,
Du foible que pour vous vous voyez qu'ont les Gens.

TARTUFFE

Mais, si d'un œil bénin vous voyez mes hommages,
Pourquoy m'en refuser d'assurez témoignages.

ELMIRE

Mais comment consentir à ce que vous voulez,

Sans offencer le Ciel, dont toujours vous parlez ?

TARTUFFE

Si ce n'est que le Ciel qu'à mes vœux on oppose,
Lever un tel obstacle est à moy peu de chose,
Et cela ne doit point retenir vostre cœur.

ELMIRE

Mais des Arrests du Ciel on nous fait tant de peur ?

TARTUFFE

C'est un scélérat qui parle.

Je puis vous dissiper ces craintes ridicules,
Madame, et je sçay l'art de lever les scrupules.
Le Ciel défend, de vray, certains contentemens ;
Mais on trouve avec luy des accommodemens.
Selon divers besoins, il est une Science
D'étendre les liens de notre conscience,
Et de rectifier le mal de l'action
Avec la pureté de nostre intention.
De ces secrets, Madame, on sçaura vous instruire ;
Vous n'avez seulement qu'à vous laisser conduire.
Contentez mon desir, et n'ayez point d'effroy ;
Je vous répons de tout, et prens le mal sur moy.
— Vous toussez fort, Madame ?

ELMIRE

Ouy, je suis au suplice.

TARTUFFE

Vous plaist-il un morceau de ce jus de Réglisse ?

ELMIRE

C'est un rhume obstiné, sans doute, et je voy bien
Que tous les jus du Monde, icy, ne feront rien.

TARTUFFE

Cela, certe, est fâcheux.

ELMIRE

    Ouy, plus qu'on ne peut dire.

TARTUFFE

Enfin, vostre scrupule est facile à détruire.
Vous estes assurée icy d'un plein secret,
Et le mal n'est jamais que dans l'éclat qu'on fait.
Le scandale du monde est ce qui fait l'offence,
Et ce n'est pas pécher que pécher en silence.

ELMIRE, *après avoir encore toussé.*

Enfin je voy qu'il faut se résoudre à céder,
Qu'il faut que je consente à vous tout accorder;
Et qu'à moins de cela je ne dois point prétendre
Qu'on puisse estre content et qu'on veuille se rendre.
Sans doute, il est fâcheux d'en venir jusques-là,
Et c'est bien malgré moy que je franchis cela;
Mais, puis que l'on s'obstine à m'y vouloir réduire,
Puis qu'on ne veut point croire à tout ce qu'on peut dire,

Et qu'on veut des témoins qui soient plus convainquans,
Il faut bien s'y résoudre, et contenter les Gens.
Si ce contentement porte en soy quelque offence,
Tant pis pour qui me force à cette violence ;
La faute, assurément, n'en doit pas estre à moy.

TARTUFFE

Ouy, Madame, on s'en charge, et la chose de soy...

ELMIRE

Ouvrez un peu la Porte, et voyez, je vous prie,
Si mon Mary n'est point dans cette Galerie.

TARTUFFE

Qu'est-il besoin, pour luy, du soin que vous prenez ?
C'est un Homme, entre nous, à mener par le nez.
De tous nos entretiens il est pour faire gloire,
Et je l'ay mis au poinct de voir tout, sans rien croire.

ELMIRE

Il n'importe. Sortez, je vous prie, un moment,
Et partout, là dehors, voyez exactement.

SCÈNE VI

ORGON, ELMIRE

ORGON, *sortant de dessous la Table*.

Voilà, je vous l'avoue, un abominable Homme !
Je n'en puis revenir, et tout cecy m'assomme.

ELMIRE

Quoy! Vous sortez si tost! Vous vous mocquez des Gens.
Rentrez sous le Tapis, il n'est pas encor temps;
Attendez jusqu'au bout, pour voir les choses sûres,
Et ne vous fiez point aux simples conjectures.

ORGON

Non, rien de plus méchant n'est sorty de l'Enfer.

ELMIRE

Mon Dieu, l'on ne doit point croire trop de léger.
Laissez-vous bien convaincre, avant que de vous rendre,
Et ne vous hastez pas, de peur de vous méprendre.
Elle fait mettre son Mary derrière elle.

SCÈNE VII

TARTUFFE, ELMIRE, ORGON

TARTUFFE

Tout conspire, Madame, à mon contentement.
J'ay visité, de l'œil, tout cet appartement;
Personne ne s'y trouve, et mon âme ravie...

ORGON *en l'arrestant.*

Tout doux! Vous suivez trop vostre amoureuse envie,
Et vous ne devez pas vous tant passionner.
Ah! ah! l'Homme de bien, vous m'en vouliez donner!

Comme aux tentations s'abandonne vostre âme!
Vous Epousiez ma Fille, et convoitiez ma Femme!
J'ay douté, fort longtemps, que ce fust tout de bon,
Et je croyois toujours qu'on changeroit de ton.
Mais c'est assez avant pousser le témoignage;
Je m'y tiens, et n'en veux, pour moy, pas davantage.

ELMIRE *à Tartuffe.*

C'est contre mon humeur que j'ay fait tout cecy;
Mais on m'a mise au poinct de vous traiter ainsy.

TARTUFFE

Quoy! Vous croyez...

ORGON

Allons, point de bruit, je vous prie.
Dénichons de céans, et sans cérémonie.

TARTUFFE

Mon dessein...

ORGON

Ces discours ne sont plus de saison.
Il faut, tout sur-le-champ, sortir de la Maison.

TARTUFFE

C'est à vous d'en sortir, vous qui parlez en Maistre.
La Maison m'appartient, je le feray connoistre,
Et vous montreray bien qu'en vain on a recours,
Pour me chercher querelle, à ces lâches détours;

Qu'on n'est pas où l'on pense, en me faisant injure;
Que j'ay de quoy confondre, et punir l'imposture,
Venger le Ciel qu'on blesse, et faire repentir
Ceux qui parlent icy de me faire sortir.

SCÈNE VIII

ELMIRE, ORGON

ELMIRE
Quel est donc ce langage, et qu'est-ce qu'il veut dire?

ORGON
Ma foy, je suis confus, et n'ay pas lieu de rire.

ELMIRE
Comment?

ORGON
    Je voy ma faute, aux choses qu'il me dit,
Et la donation m'embarrasse l'esprit.

ELMIRE
La donation?...

ORGON
    Ouy. C'est une affaire faite;
Mais j'ay quelque autre chose encor qui m'inquiète.

ELMIRE

Et quoy?

ORGON

Vous sçaurez tout. Mais voyons au plutost
Si certaine Cassette est encore là-haut.

ACTE V

SCÈNE PREMIÈRE

ORGON, CLÉANTE

CLÉANTE

Où voulez-vous courir ?

ORGON

Las ! Que sçay-je ?

CLÉANTE

Il me semble
Que l'on doit commencer par
consulter, ensemble,
Les choses qu'on peut faire en cet événement.

ORGON

Cette Cassette-là me trouble entièrement;
Plus que le reste encor, elle me désespère.

CLÉANTE

Cette Cassette est donc un important mystère!

ORGON

C'est un dépost qu'Argas, cet Amy que je plains,
Luy-mesme, en grand secret, m'a mis entre les mains.
Pour cela, dans sa fuite, il me voulut élire;
Et ce sont des papiers, à ce qu'il m'a pu dire,
Où sa vie et ses biens se trouvent attachez.

CLÉANTE

Pourquoy donc les avoir en d'autres mains lâchez?

ORGON

Ce fut par un motif de Cas de Conscience.
J'allay droit à mon Traistre en faire confidence,
Et son raisonnement me vint persuader
De luy donner plutost la Cassette à garder,
Afin que, pour nier, en cas de quelque enqueste,
J'eusse d'un faux-fuyant la faveur toute preste,
Par où ma conscience eust pleine sûreté
A faire des sermens contre la vérité.

CLÉANTE

Vous voilà mal, au moins si j'en croy l'apparence,

Et la donation, et cette confidence
Sont, à vous en parler selon mon sentiment,
Des démarches, par vous, faites légèrement.
On peut vous mener loin avec de pareils gages.
Et, cet Homme sur vous ayant ces avantages,
Le pousser est encor grande imprudence à vous,
Et vous deviez chercher quelque biais plus dous.

ORGON

Quoy! sous un beau semblant de ferveur si touchante,
Cacher un cœur si double, une âme si méchante!
Et moy qui l'ay reçeu gueusant, et n'ayant rien...
C'en est fait, je renonce à tous les Gens de bien.
J'en auray désormais une horreur effroyable,
Et m'en vais devenir, pour eux, pire qu'un Diable.

CLÉANTE

Hé bien, ne voilà pas de vos emportemens!
Vous ne gardez en rien les doux tempéramens.
Dans la droite raison jamais n'entre la vostre,
Et toujours, d'un excès, vous vous jettez dans l'autre.
Vous voyez vostre erreur, et vous avez connu
Que par un zèle fin vous estiez prévenu;
Mais, pour vous corriger, quelle raison demande
Que vous alliez passer dans une erreur plus grande,
Et qu'avecque le cœur d'un perfide Vaurien
Vous confondiez les cœurs de tous les Gens de bien?

Quoy! parce qu'un Fripon vous dupe, avec audace,
Sous le pompeux éclat d'une austère grimace,
Vous voulez que partout on soit fait comme luy,
Et qu'aucun vray Dévot ne se trouve aujourd'huy?
Laissez aux Libertins ces sottes conséquences,
Démeslez la Vertu d'avec ses apparences,
Ne hazardez jamais vostre estime trop tost,
Et soyez, pour cela, dans le milieu qu'il faut.
Gardez-vous, s'il se peut, d'honorer l'Imposture;
Mais au vray zèle aussi n'allez pas faire injure;
Et, s'il vous faut tomber dans une extrémité,
Péchez plutost encor de cet autre costé.

SCÈNE II

DAMIS, ORGON, CLÉANTE

DAMIS

Quoy! mon Père, est-il vray qu'un Coquin vous menace?
Qu'il n'est point de bienfait qu'en son âme il n'efface,
Et que son lâche orgueil, trop digne de courrous,
Se fait, de vos bontez, des armes contre vous?

ORGON

Ouy, mon Fils, et j'en sens des douleurs nompareilles.

DAMIS

Laissez-moy; je luy veux couper les deux oreilles.

Contre son insolence on ne doit point gauchir.
C'est à moy, tout d'un coup, de vous en affranchir ;
Et, pour sortir d'affaire, il faut que je l'assomme.

CLÉANTE

Voilà, tout justement, parler en vray jeune Homme.
Modérez, s'il vous plaist, ces transports éclatans;
Nous vivons sous un Règne, et sommes dans un temps,
Où par la violence on fait mal ses affaires.

SCÈNE III

MADAME PERNELLE, MARIANE, ELMIRE, DORINE,
DAMIS, ORGON, CLÉANTE

MADAME PERNELLE

Qu'est-ce ? J'aprens icy de terribles mystères !

ORGON

Ce sont des nouveautez dont mes yeux sont témoins,
Et vous voyez le prix dont sont payez mes soins.
Je recueille, avec zèle, un Homme en sa misère,
Je le loge, et le tiens comme mon propre Frère;
De bienfaits, chaque jour, il est par moy chargé,
Je luy donne ma Fille, et tout le bien que j'ay;
Et, dans le mesme temps, le Perfide, l'Infâme,
Tente le noir dessein de suborner ma Femme ;
Et, non content encor de ces lâches essais,

Il m'ose menacer de mes propres bienfaits,
Et veut, à ma ruine, user des avantages
Dont le viennent d'armer mes bontez, trop peu sages,
Me chasser de mes biens où je l'ay transféré,
Et me réduire au poinct dont je l'ay retiré!

DORINE

Le pauvre Homme!

MADAME PERNELLE

Mon Fils, je ne puis du tout croire
Qu'il ait voulu commettre une action si noire.

ORGON

Comment?

MADAME PERNELLE

Les Gens de bien sont enviez toujours.

ORGON

Que voulez-vous donc dire avec vostre discours,
Ma Mère?

MADAME PERNELLE

Que chez vous on vit d'étrange sorte,
Et qu'on ne sçait que trop la haine qu'on luy porte.

ORGON

Qu'a cette haine à faire avec ce qu'on vous dit?

MADAME PERNELLE

Je vous l'ay dit cent fois, quand vous étiez petit.

La Vertu, dans le Monde, est toujours poursuivie;
Les Envieux mourront, mais non jamais l'Envie.

ORGON

Mais que fait ce discours aux choses d'aujourd'huy?

MADAME PERNELLE

On vous aura forgé cent sots contes de luy.

ORGON

Je vous ay dit, déjà, que j'ay veu tout moy-mesme.

MADAME PERNELLE

Des Esprits médisans la malice est extrême.

ORGON

Vous me feriez damner, ma Mère. Je vous dy
Que j'ay veu, de mes yeux, un crime si hardy.

MADAME PERNELLE

Les langues ont toujours du venin à répandre,
Et rien n'est, icy-bas, qui s'en puisse défendre.

ORGON

C'est tenir un propos de sens bien dépourveu!
Je l'ai veu, dis-je, veu, de mes propres yeux véu,
Ce qu'on appelle veu. Faut-il vous le rebattre
Aux oreilles cent fois, et crier comme quatre?

MADAME PERNELLE

Mon Dieu, le plus souvent, l'apparence déçoit;

Il ne faut pas toujours juger sur ce qu'on voit.

ORGON

J'enrage!

MADAME PERNELLE

Aux faux soupçons la Nature est sujette,
Et c'est souvent à mal que le bien s'interprète.

ORGON

Je dois interpréter à charitable soin
Le desir d'embrasser ma Femme ?

MADAME PERNELLE

Il est besoin,
Pour accuser les Gens, d'avoir de justes causes,
Et vous deviez attendre à vous voir seur des choses.

ORGON

Hé, diantre, le moyen de m'en assurer mieux ?
Je devois donc, ma Mère, attendre qu'à mes yeux
Il eust... Vous me feriez dire quelque sottise.

MADAME PERNELLE

Enfin, d'un trop pur zèle on voit son âme éprise ;
Et je ne puis du tout me mettre dans l'esprit
Qu'il ait voulu tenter les choses que l'on dit.

ORGON

Allez, je ne sçay pas, si vous n'estiez ma Mère,
Ce que je vous dirois, tant je suis en colère.

DORINE, *à Orgon.*

Juste retour, Monsieur, des choses d'icy-bas;
Vous ne vouliez point croire, et l'on ne vous croit pas.

CLÉANTE

Nous perdons des momens, en bagatelles pures,
Qu'il faudroit employer à prendre des mesures.
Aux menaces du Fourbe, on doit ne dormir point.

DAMIS

Quoy! son effronterie iroit jusqu'à ce poinct?

ELMIRE

Pour moy, je ne crois pas cette Instance possible,
Et son ingratitude est icy trop visible.

CLÉANTE

Ne vous y fiez pas. Il aura des ressorts
Pour donner, contre vous, raison à ses efforts;
Et, sur moins que cela, le poids d'une Cabale
Embarrasse les Gens dans un fâcheux Dédale.
Je vous le dis encor; armé de ce qu'il a,
Vous ne deviez jamais le pousser jusques-là.

ORGON

Il est vray; mais qu'y faire? A l'orgueil de ce Traistre,
De mes ressentimens je n'ay pas esté maistre.

CLÉANTE

Je voudrois, de bon cœur, qu'on pust, entre vous deux,

De quelque ombre de paix raccommoder les nœuds.

ELMIRE

Si j'avois sçeu qu'en main il a de telles armes,
Je n'aurois pas donné matière à tant d'alarmes,
Et mes...

ORGON

   Que veut cet Homme ? Allez tost le savoir
Je suis bien en estat que l'on me vienne voir !

SCÈNE IV

MONSIEUR LOYAL, MADAME PERNELLE, ORGON, DAMIS, MARIANE, DORINE, ELMIRE, CLÉANTE

M. LOYAL

Bon-jour, ma chère Sœur. Faites, je vous supplie,
Que je parle à Monsieur.

DORINE

     Il est en compagnie,
Et je doute qu'il puisse, à présent, voir quelqu'un.

M. LOYAL

Je ne suis pas pour estre, en ces lieux, importun.
Mon abord n'aura rien, je croy, qui luy déplaise,
Et je viens pour un fait dont il sera bien aise.

DORINE

Vostre nom ?

M. LOYAL

Dites-luy seulement que je vien
De la part de Monsieur Tartuffe, pour son bien.

DORINE

C'est un Homme qui vient, avec douce manière,
De la part de Monsieur Tartuffe, pour affaire,
Dont vous serez, dit-il, bien aise.

CLÉANTE

Il vous faut voir
Ce que c'est que cet Homme, et ce qu'il peut vouloir.

ORGON

Pour nous racommoder, il vient icy, peut-estre ;
Quels sentimens auray-je à lui faire paroistre ?

CLÉANTE

Vostre ressentiment ne doit point éclater ;
Et, s'il parle d'accord, il le faut écouter.

M. LOYAL

Salut, Monsieur. Le Ciel perde qui vous veut nuire,
Et vous soit favorable autant que je desire !

ORGON

Ce dous début s'accorde avec mon jugement,
Et présage déjà quelque accommodement.

M. LOYAL

Toute vostre Maison m'a toujours esté chère,
Et j'estois serviteur de Monsieur vostre Père.

ORGON

Monsieur, j'ay grande honte, et demande pardon,
D'estre sans vous connoistre, ou sçavoir vostre nom.

M. LOYAL

Je m'appelle Loyal, natif de Normandie,
Et suis Huissier à Verge, en dépit de l'Envie.
J'ay, depuis quarante ans, grâce au Ciel, le bonheur
D'en exercer la Charge avec beaucoup d'honneur ;
Et je vous vien, Monsieur, avec vostre licence,
Signifier l'Exploit de certaine Ordonnance...

ORGON

Quoy! vous estes icy...

M. LOYAL

                Monsieur, sans passion.
Ce n'est rien seulement qu'une Sommation,
Un ordre de vuider d'icy, vous, et les vostres,
Mettre vos meubles hors, et faire place à d'autres,
Sans délay, ny remise, ainsi que besoin est...

ORGON

Moy, sortir de céans ?

M. LOYAL

              Ouy, Monsieur, s'il vous plaist.

La Maison à présent, comme sçavez de reste,
Au bon Monsieur Tartuffe appartient, sans conteste.
De vos biens désormais il est Maistre et Seigneur,
En vertu d'un Contract, duquel je suis porteur..
Il est en bonne forme, et l'on n'y peut rien dire.

DAMIS

Certes, cette impudence est grande, et je l'admire.

M. LOYAL

Monsieur, je ne doy point avoir affaire à vous ;
C'est à Monsieur. Il est et raisonnable, et dous,
Et d'un Homme de bien il sçait trop bien l'office
Pour se vouloir du tout opposer à Justice.

ORGON

Mais...

M. LOYAL

Ouy, Monsieur, je sçay que, pour un million,
Vous ne voudriez pas faire rébellion,
Et que vous souffrirez, en honneste personne,
Que j'exécute icy les ordres qu'on me donne.

DAMIS

Vous pourriez bien icy, sur vostre noir jupon,
Monsieur l'Huissier à Verge, attirer le baston.

M. LOYAL

Faites que vostre Fils se taise, ou se retire,

Monsieur. J'aurois regret d'estre obligé d'écrire,
Et de vous voir couché dans mon Procez-verbal.

DORINE

Ce Monsieur Loyal porte un air bien déloyal!

M. LOYAL

Pour tous les Gens de bien, j'ay de grandes tendresses,
Et ne me suis voulu, Monsieur, charger des Pièces
Que pour vous obliger et vous faire plaisir;
Que pour ôter, par là, le moyen d'en choisir
Qui, n'ayant pas pour vous le zèle qui me pousse,
Auroient pu procéder d'une façon moins douce.

ORGON

Et que peut-on de pis, que d'ordonner aux Gens
De sortir de chez eux?

M. LOYAL

On vous donne du temps;
Et jusques à demain je feray surséance
A l'exécution, Monsieur, de l'Ordonnance.
Je viendray seulement passer icy la nuit
Avec dix de mes Gens, sans scandale et sans bruit.
Pour la forme, il faudra, s'il vous plaist, qu'on m'apporte,
Avant que se coucher, les clefs de vostre Porte.
J'auray soin de ne pas troubler vostre repos,
Et de ne rien souffrir qui ne soit à propos.

Mais demain, du matin, il vous faut estre habile
A vuider de céans jusqu'au moindre ustencile.
Mes Gens vous aideront, et je les ay pris forts,
Pour vous faire service à tout mettre dehors.
On n'en peut pas user mieux que je fais, je pense ;
Et, comme je vous traite avec grande indulgence,
Je vous conjure aussi, Monsieur, d'en user bien,
Et qu'au deu de ma Charge on ne me trouble en rien.

ORGON

Du meilleur de mon cœur, je donnerois, sur l'heure,
Les cent plus beaux Louis de ce qui me demeure,
Et pouvoir, à plaisir, sur ce muffle assener
Le plus grand coup de poing qui se puisse donner.

CLÉANTE

Laissez, ne gâtons rien.

DAMIS

            A cette audace étrange
J'ay peine à me tenir, et la main me démange.

DORINE

Avec un si bon dos, ma foy, Monsieur Loyal,
Quelques coups de baston ne vous siéroient pas mal.

M. LOYAL

On pourroit bien punir ces paroles infâmes,
Ma mie, et l'on décrette aussi contre les Femmes.

CLÉANTE à M. Loyal :

Finissons tout cela, Monsieur, c'en est assez ;
Donnez tost ce papier, de grâce, et nous laissez.

M. LOYAL

Jusqu'au revoir. Le Ciel vous tienne tous en joie!

ORGON

Puisse-t-il te confondre, et celuy qui t'envoie !

SCÈNE V

ORGON, CLÉANTE, MARIANE
ELMIRE, MADAME PERNELLE, DORINE, DAMIS

ORGON

Hé bien, vous le voyez, ma Mère, si j'ay droict,
Et vous pouvez juger du reste par l'Exploit.
Ses trahisons, enfin, vous sont-elles connues ?

MADAME PERNELLE

Je suis toute ébaubie, et je tombe des nues !

DORINE

Vous vous plaignez à tort, à tort vous le blâmez,
Et ses pieux desseins, par là, sont confirmez.
Dans l'amour du Prochain sa vertu se consomme ;
Il sçait que, très-souvent, les biens corrompent l'Homme,

Et, par charité pure, il veut vous enlever
Tout ce qui vous peut faire obstacle à vous sauver.

ORGON

Taisez-vous ; c'est le mot qu'il vous faut toujours dire.

CLÉANTE

Allons voir quel conseil on doit vous faire élire.

ELMIRE

Allez faire éclater l'audace de l'Ingrat.
Ce procédé détruit la vertu du Contract ;
Et sa déloyauté va paroistre trop noire,
Pour souffrir qu'il en ait le succès qu'on veut croire.

SCÈNE VI

VALÈRE, ORGON, CLÉANTE, ELMIRE, MARIANE, ETC.

VALÈRE

Avec regret, Monsieur, je viens vous affliger ;
Mais je m'y vois contraint par le pressant danger.
Un Amy, qui m'est joint d'une amitié fort tendre,
Et qui sçait l'intérest qu'en vous j'ay lieu de prendre,
A violé pour moy, par un pas délicat,
Le secret que l'on doit aux affaires d'Estat ;
Et me vient d'envoyer un avis, dont la suite
Vous réduit au parti d'une soudaine fuite.

Le Fourbe, qui longtemps a pu vous imposer,
Depuis une heure, au Prince a sçeu vous accuser,
Et remettre en ses mains, dans les traits qu'il vous jette,
D'un Criminel d'Estat l'importante Cassette,
Dont, au mépris, dit-il, du devoir d'un Sujet,
Vous avez conservé le coupable secret.
J'ignore le détail du crime qu'on vous donne,
Mais un Ordre est donné contre vostre personne,
Et luy-mesme est chargé, pour mieux l'exécuter,
D'accompagner celuy qui vous doit arrester.

CLÉANTE

Voilà ses droicts armez, et c'est par où le Traistre
De vos biens, qu'il prétend, cherche à se rendre maistre.

ORGON

L'Homme est, je vous l'avoue, un méchant Animal!

VALÈRE

Le moindre amusement vous peut estre fatal.
J'ay, pour vous emmener, mon Carrosse à la porte,
Avec mille Louis qu'icy je vous apporte.
Ne perdons point de temps, le trait est foudroyant,
Et ce sont de ces coups que l'on pare en fuyant.
A vous mettre en lieu seur je m'offre pour conduite,
Et veux accompagner, jusqu'au bout, vostre fuite.

ORGON

Las! que ne dois-je point à vos soins obligeants!

Pour vous en rendre grâce, il faut un autre temps,
Et je demande au Ciel de m'estre assez propice
Pour reconnoistre un jour ce généreux service.
Adieu. Prenez le soin, vous autres...

CLÉANTE
                        Allez tost ;
Nous songerons, mon Frère, à faire ce qu'il faut.

SCÈNE VII

L'EXEMPT, TARTUFFE, VALÈRE, ORGON, ELMIRE,
MARIANE, ETC.

TARTUFFE

Tout beau, Monsieur, tout beau ; ne courez point si viste.
Vous n'irez pas fort loin pour trouver vostre giste,
Et, de la part du Prince, on vous fait prisonnier.

ORGON

Traistre, tu me gardois ce trait pour le dernier.
C'est le coup, Scélérat, par où tu m'expédies ;
Et voilà couronner toutes tes perfidies.

TARTUFFE

Vos injures n'ont rien à me pouvoir aigrir,
Et je suis, pour le Ciel, appris à tout souffrir.

CLÉANTE

La modération est grande, je l'avoue.

DAMIS

Comme du Ciel l'Infâme impudemment se joue !

TARTUFFE

Tous vos emportemens ne sçauroient m'émouvoir,
Et je ne songe à rien, qu'à faire mon devoir.

MARIANE

Vous avez de cecy grande gloire à prétendre,
Et cet employ, pour vous, est fort honneste à prendre.

TARTUFFE

Un employ ne sçauroit estre que glorieux,
Quand il part du pouvoir qui m'envoye en ces lieux.

ORGON

Mais t'es-tu souvenu que ma main charitable,
Ingrat, t'a retiré d'un estat misérable ?

TARTUFFE

Ouy. Je sais quels secours j'en ay pu recevoir ;
Mais l'intérest du Prince est mon premier devoir.
De ce devoir sacré la juste violence
Étouffe dans mon cœur toute reconnoissance ;
Et je sacrifirois à de si puissants nœuds
Amy, Femme, Parents, et moy-mesme avec eux.

ELMIRE

L'Imposteur !

DORINE

Comme il sçait, de traistresse manière,
Se faire un beau manteau de tout ce qu'on révère !

CLÉANTE

Mais, s'il est si parfait que vous le déclarez,
Ce zèle, qui vous pousse, et dont vous vous parez,
D'où vient que, pour paroistre, il s'avise d'attendre
Qu'à poursuivre sa Femme il ait sçeu vous surprendre,
Et que vous ne songez à l'aller dénoncer
Que lors que son honneur l'oblige à vous chasser ?
Je ne vous parle point, pour devoir en distraire,
Du don de tout son bien, qu'il venoit de vous faire;
Mais, le voulant traiter en coupable aujourd'huy,
Pourquoy consentiez-vous à rien prendre de luy ?

TARTUFFE à l'Exempt :

Délivrez-moy, Monsieur, de la criaillerie,
Et daignez accomplir vostre Ordre, je vous prie.

L'EXEMPT

Ouy, c'est trop demeurer, sans doute, à l'accomplir;
Vostre bouche à propos m'invite à le remplir;
Et, pour l'exécuter, suivez-moy tout à l'heure
Dans la Prison qu'on doit vous donner pour demeure.

TARTUFFE

Qui! moy, Monsieur?

L'EXEMPT

Ouy, vous.

TARTUFFE

Pourquoy donc la Prison?

L'EXEMPT

Ce n'est pas vous à qui j'en veux rendre raison.
— Remettez-vous, Monsieur, d'une alarme si chaude.
Nous vivons sous un Prince ennemy de la fraude,
Un Prince dont les yeux se font jour dans les cœurs,
Et que ne peut tromper tout l'art des Imposteurs.
D'un fin discernement sa grande âme pourveue
Sur les choses toujours jette une droite veue;
Chez elle jamais rien ne surprend trop d'accès,
Et sa ferme raison ne tombe en nul excès.
Il donne aux Gens de bien une gloire immortelle;
Mais sans aveuglement il fait briller ce zèle,
Et l'amour pour les vrais ne ferme point son cœur
A tout ce que les faux doivent donner d'horreur.
Celuy-cy n'estoit pas pour le pouvoir surprendre,
Et de pièges plus fins on le voit se défendre.
D'abord il a percé, par ses vives clartez,
Des replis de son cœur toutes les lâchetez.

Venant vous accuser, il s'est trahy luy-mesme,
Et, par un juste trait de l'Equité suprême,
S'est découvert au Prince un Fourbe renommé,
Dont, sous un autre nom, il estoit informé,
Et c'est un long détail d'actions toutes noires,
Dont on pourroit former des volumes d'Histoires.
Ce Monarque, en un mot, a vers vous détesté
Sa lâche ingratitude, et sa déloyauté ;
A ses autres horreurs, il a joint cette suite,
Et ne m'a, jusqu'icy, soumis à sa conduite
Que pour voir l'impudence aller jusques au bout,
Et vous faire, par luy, faire raison de tout.
Ouy, de tous vos papiers, dont il se dit le Maistre,
Il veut qu'entre vos mains je dépouille le Traistre.
D'un souverain pouvoir, il brise les liens
Du Contract qui luy fait un don de tous vos biens,
Et vous pardonne enfin cette offence secrète
Où vous a d'un Amy fait tomber la retraite ;
Et c'est le prix qu'il donne au zèle qu'autrefois
On vous vit témoigner, en appuyant ses droicts,
Pour montrer que son cœur sçait, quand moins on y pense,
D'une bonne action verser la récompense ;
Que jamais le mérite, avec luy, ne perd rien,
Et que, mieux que du mal, il se souvient du bien.

DORINE

Que le Ciel soit loué!

MADAME PERNELLE

    Maintenant je respire.

ELMIRE

Favorable succès !

MARIANE

    Qui l'auroit osé dire ?

ORGON à *Tartuffe*.

Hé bien, te voilà, Traistre !…

CLÉANTE

                    Ah ! mon Frère, arrestez,
Et ne descendez point à des indignitez.
A son mauvais destin laissez un misérable,
Et ne vous joignez point au remords qui l'accable.
Souhaitez bien plutost que son cœur, en ce jour,
Au sein de la Vertu fasse un heureux retour ;
Qu'il corrige sa vie, en détestant son vice,
Et puisse du grand Prince adoucir la justice ;
Tandis qu'à sa bonté vous irez, à genous,
Rendre ce que demande un traitement si dous.

ORGON

Ouy, c'est bien dit. Allons à ses piez, avec joye,
Nous louer des bontez que son cœur nous déploye ;

Puis, acquittez un peu de ce premier devoir,
Aux justes soins d'un autre il nous faudra pourvoir,
Et, par un doux hymen, couronner en Valère
La flâme d'un Amant généreux et sincère.

L'IMPOSTEUR

EXPLICATION DES PLANCHES

Notice. — Bande ornementale. Au milieu de rinceaux, un large encrier carré, sur lequel est assise une figure de la Gloire, à demi nue, ailée et sonnant dans une longue trompette droite. Des deux côtés de l'encrier, les volumes des Œuvres de Molière, et, derrière la Gloire, deux plumes à écrire, croisées en sautoir et passées dans les rinceaux.

— Lettre T. Derrière la lettre un Satyre, dont on ne voit que les ailes, les cuisses poilues à jambes de bouc, et les avant-bras nus, tient devant sa poitrine et montre un cadre ovale, suspendu par un ruban à la traverse supérieure du T et où l'on voit la tête de Tartuffe.

— Cul-de-lampe final. Un double rinceau évasé, dans les retours duquel s'enlacent deux vipères affrontées, supporte au centre un écusson. Sur celui-ci le buste d'un Satyre, enveloppé d'un manteau à l'antique ; devant sa tête, à oreilles pointues et sommée de deux cornes, il tient, pour la cacher, le masque de Tartuffe, gras, béat et rasé, les yeux baissés et avec de longs cheveux plats.

Faux-titre. — Molière, sous la forme du Génie de la Comédie

satyrique, ailé, chaussé de hauts brodequins à l'antique, vêtu d'une cuirasse d'étoffe et monté sur Pégase, le cheval d'Apollon, dieu de la poésie et de la lumière, perce de sa lance, qui est la plume du poète, la poitrine du génie de l'Hypocrisie, renversé sur un sol de rochers et qui essaie en vain d'arracher le fer de son flanc. Pégase, ailé et au cou duquel est suspendue une large lyre qui couvre son épaule, s'arrête et se cabre à côté du monstre, dont l'une des queues écaillées s'enroulait, pour l'arrêter, autour de l'une de ses jambes de devant.

Préface. — Bande ornementale d'en-tête. Au centre, un médaillon ovale en largeur. La Comédie, sous la figure d'une femme agenouillée sur les nuages et coiffée d'un bonnet à grelots, brandit, de sa main droite, un fouet à trois lanières, et, de la gauche, arrache à un monstre, à jambes de serpents, le masque derrière lequel il cachait ses têtes multiples de vipères, qui, furieuses, dressent leurs cous au-dessus du masque et ouvrent leurs gueules menaçantes. Au bas du nuage, à gauche, les têtes de quatre personnages ; c'est la traduction de la phrase de Molière dans sa Préface : « Les Marquis, les Précieuses, les Cocus et les Méde-
« cins ont souffert doucement qu'on les ait représentés, et ils ont fait
« semblant de se divertir, avec tout le monde, des peintures que l'on a
« faites d'eux ; mais les Hypocrites n'ont pas entendu raillerie... »

— Lettre V. Molière, le chapeau à la main et comme dans son office de Harangueur du Théâtre, salue ses spectateurs et ses lecteurs pour leur présenter le *Tartuffe*.

Le Libraire au lecteur. — Bande ornementale d'en-tête. Au centre d'une frise, ornée de grecques et de fleurons, un écusson, chargé de deux trompettes, liées en sautoir sur le volume de la Pièce.

— Lettre C. Un génie féminin, assis sur la lettre, élève de la main gauche la plume du Poète, derrière laquelle l'irradiation du Soleil royal, dont la lumière rendra la vie à la Pièce et la ramènera au jour.

Premier Placet. — Bande ornementale d'en-tête. Au centre, dans une couronne ovale de feuilles triomphales posée sur des rayons fulgurants, Molière, en buste, serre contre sa poitrine, pour le défendre, le manuscrit de Tartuffe. A droite et à gauche, deux Génies de la Haine, ayant des vipères pour cheveux et, aux épaules, des ailes de chauve-souris, sont à demi couchés et rampent sur les entablements de l'ornement pour lui montrer le poing ; leur queue écaillée se prolonge en un rinceau, à l'extrémité duquel est suspendu un éteignoir.

SECOND PLACET. — Bande ornementale d'en-tête. Elle est traitée dans le sens des bordures des tapisseries de l'histoire du Roi, faites aux Gobelins d'après les dessins de Le Brun. Au centre, dans un médaillon carré, sommé de la couronne royale fermée, la scène de la présentation du Placet au Camp pendant le siège de la ville de Lille. La Grange et La Thorillière, à genoux et le chapeau à la main, remettent le Placet à Louis XIV, debout et le chapeau sur la tête. A droite et à gauche du cadre, derrière des amas d'armes et de drapeaux, deux Renommées ailées, une trompette droite aux lèvres, annoncent la gloire des triomphes du Roi.

TROISIÈME PLACET. — Bande ornementale d'en-tête. Au centre, Molière et son ami, le Docteur Mauvillain ; le Docteur salue Molière, qui le quitte pour aller demander au Roi, pour le fils de Mauvillain, un des Canonicats de la Chapelle royale de Vincennes. A droite et à gauche, sur deux tablettes, portées par les rinceaux, des attributs médicinaux, mortier, seringue, tasses pour les tisanes, pots d'opiats et d'onguents.

LETTRE SUR LA COMÉDIE DE L'IMPOSTEUR. — Avis. Bande ornementale d'en-tête. Au milieu de rinceaux, s'épanouissant en feuillages et chargés de guirlandes, un motif central, en forme d'écu, sur lequel un petit Génie nu, assis sur un nuage, écrit avec un style sur une tablette.

— Cul-de-lampe. Au centre un miroir à main, souvenir de l'armoirie de Molière ; dans les rinceaux, deux petits singes tiennent le manteau à glands qui est derrière le miroir ; deux autres singes plus grands s'agencent dans les rinceaux du bas. On se souvient que le miroir est la pièce, et les singes le support de l'armoirie littéraire prise par Molière.

Lettre sur L'IMPOSTEUR. — Bande ornementale d'en-tête. A droite et à gauche, sur un fond plat, richement quadrillé, les attributs de la Comédie et du Drame avec un masque comique et un masque terrible. Au centre, dans un cadre ovale, l'ami de Molière est assis au balcon, sur le rebord duquel il note au passage les vers de la Pièce à laquelle il veut consacrer sa *Lettre*. Au fond la Scène du théâtre; on en est à la cinquième scène du quatrième Acte. Tartuffe va voir si personne n'est là pour le surprendre, et Orgon, parlant à Elmire, sort du tapis qui couvre la table sous laquelle elle l'a fait mettre pour le convaincre.

— Lettre M. Une main, tenant une torche allumée; quatre têtes de monstres fantastiques s'efforcent en vain d'éteindre avec leur souffle la flamme vengeresse, qui ne vacille même pas et s'élève droite et triomphante.

— Cul-de-lampe. La rue et la porte de la Comédie à la sortie de la première représentation. Trois carrosses et nombreux spectateurs. Les uns s'entretiennent de la Pièce; d'autres, notamment un gros homme riche, qui va monter dans sa voiture, et un complaisant, caffard maigre et en petit manteau noir, s'exclament sur son indignité.

Grande planche. — C'est la seconde scène du troisième acte, c'est-à-dire l'entrée de Tartuffe. Comme Dorine va lui faire le message d'Elmire, Tartuffe lui tend du bout des doigts son mouchoir, en lui disant (vers 858-9) : « Avant que de parler, prenez-moi ce mouchoir, » et Dorine, avec l'honnêteté de son franc-parler, la tête haute et les yeux bien en face, va lui répondre qu'il est vraiment bien tendre à la tentation. Dans le fond, une porte entre deux colonnes, et, derrière son vantail encore entr'ouvert, l'artiste a fait apparaître la silhouette de Laurent, le valet de Tartuffe, qui vient de s'éloigner.

Grand titre. — Portique composé de deux pilastres, dont la face est revêtue d'une longue plaque de marbre très veiné. Sur la marche qui porte le soubassement, au centre, une volaille fumante, accostée de bouteilles, d'assiettes avec des fruits et un pâté, et aussi de pièces d'or à côté de l'acte de donation. Au-dessus, agenouillé et comme sur un piédestal, Tartuffe, les mains jointes sur sa poitrine, renverse sa tête pour ne voir que le Ciel. Des deux côtés du piédestal, où l'Imposteur est comme une châsse sur un autel, une sorte de base couronnée par un foyer d'où montent des fumées d'encens. Tout en bas, en avant du piédestal des pilastres et sur la marche du soubassement, sont agenouillés dans l'adoration du Tartuffe, à gauche Orgon, qui le montre, et la mère d'Orgon, Mme Pernelle, perdue dans l'admiration béate du saint homme. A mi-hauteur des pilastres latéraux, deux écussons; sur l'un une tête de Satyre, et sur l'autre une tête de Mercure, symboles de la paillardise et de l'intrigue, et, au milieu du haut, dans le vide laissé par la brisure du fronton, Martine, le bras appuyé sur la corniche de la frise, se penche et regarde, comme d'une fenêtre, pour voir d'en haut la scène et montrer que tout le monde n'est pas dupe des momeries de l'hypocrite et du faux dévot. Dans les rampants du fronton, à gauche un serpent, à droite un caméléon.

Cadre des Acteurs. — Au milieu d'un soubassement, dont le fond plat est orné d'un quadrillage relevé d'ornements cruciformes à la rencontre des lignes diagonales, une tête d'horrible pieuvre, garnie de ses tentacules recourbées, paraît au travers de l'ornement central. Des deux côtés s'élèvent, comme portants, une sorte de long flambeau, dont la tige est entourée des replis d'un serpent et dont le haut est terminé par une cassolette fermée, des trous du couvercle de laquelle sort en fumées l'encens impur de la flatterie. Au-dessus, comme couronnement, deux épais rideaux drapés tombent d'une arcade ornementale, qui porte au centre les armes de France et sur les rampants de laquelle sont assises, à gauche une femme tenant un sceptre, sommé de la main de Justice, et, à droite, une autre femme tenant un sceptre terminé par la fleur de lys. Ce sont, en bas, les perfidies de Tartuffe; en haut, l'intervention souveraine de Louis XIV, qui est la fin et le dénouement de la Pièce.

Acte premier. — En-tête. La scène iv entre Orgon, son frère Cléante, et sa servante Dorine. Orgon, les yeux au ciel, n'écoute pas ce que lui dit

Dorine de la fièvre et du malaise d'Elmire, et, après toutes les malignes réponses de Dorine à toutes ses questions sur la santé de Tartuffe, il répète béatement : « Le pauvre homme ; » à gauche, Cléante, le chapeau sous le bras, s'éloigne en maugréant. Sur les pilastres d'encadrement, deux Termes en cariatides supportent sur l'un de leurs bras les rideaux ouverts qui laissent voir la Scène du théâtre ; leur autre bras soutient le chapiteau, en forme d'étroit panier plat, qui supporte la frise.

— Lettre A. Madame Pernelle, mécontente de tout le monde, s'éloigne en donnant du poing une bourrade à l'épaule de sa pauvre petite servante Flipote : « Allons, gaupe, marchons ; » vers 171.

— Cul-de-lampe. Orgon, un manteau sur le bras, sa canne et son chapeau à la main, s'éloigne de mauvaise humeur contre son frère Cléante, qui n'a pas la même admiration que lui pour Tartuffe. Celui-ci, en costume d'homme de Cour et l'épée au côté, insiste en lui disant : « Valère a vostre foy ; la tiendrez-vous ou non ? » à quoi l'autre répond, brusquement et sèchement : « Adieu ; » vers 423-4. Au centre du bas de l'ornement, le miroir des armes de Molière, au milieu d'une couronne.

Acte II. — La scène d'Orgon et de sa fille. A gauche, la pauvre Marianne, muette et la tête basse. Orgon se retournant vers Dorine, qui le regarde et, la tête haute et les bras croisés, ne dit rien quand il voudrait qu'elle parlât : « ... Pour châtier son insolence extrême, — Il faut que je lui donne un revers de ma main ; » scène II, vers 570-1. Dans le fond de la chambre, au-dessus d'une riche console, un tableau de la Vierge avec l'enfant Jésus qui regarde le petit saint Jean. La scène est encadrée, à droite et à gauche, par deux colonnes portant la frise, à laquelle est suspendue un pavillon, dont les rideaux ouverts sont attachés au fût des colonnes. Sous chacun de ces pavillons, un socle, sur lequel un Amour assis porte sa main à ses yeux pleins de larmes.

— Lettre M. Le sujet en est tiré de la première scène entre Orgon et sa fille, avant l'entrée de Dorine. Orgon, vu de dos et appuyé sur un des montants de la lettre, dit à sa fille, debout derrière la lettre et faisant un geste de surprise et de dénégation : « Il sera vostre Epous; j'ay résolu cela; » vers 455.

— Cul-de-lampe. Le dernier vers de la scène finale de l'Acte. Valère et Marianne, qui viennent de renouveler et de redire l'éternel duo des dépits amoureux, en sont, après les piques et les brouilleries, aux sourires du raccommodement. Comme Valère, qui tient la main de Marianne, ne finit pas de lui répéter les assurances de son amour, Dorine, qui est entre eux et dont le bon sens et l'expérience se sont amusés de leurs naïvetés, les rappelle à la réalité en les séparant et en leur disant : « Tirez de cette part, et vous, tirez de l'autre; » vers 822. Dans le bas de l'encadrement un autre duo d'un couple de tourtereaux coquetant ensemble.

Acte III. — En-tête. Damis, qui a surpris la déclaration d'amour de Tartuffe à sa belle-mère, croit l'avoir démasqué en disant à Orgon ce qu'il vient d'entendre, mais la prévention de celui-ci, aveuglé par les finesses hypocrites du traître, le fait se retourner contre son fils. Orgon s'est mis à genoux, comme Tartuffe, et crie à Damis, en lui montrant le poing : « Coquin, voy sa bonté »; vers 1116. Sur les montants latéraux une fontaine ornée d'un dragon, dont la gueule jette de l'eau dans la coquille d'une vasque; sur le sommet de la frise ornementale qui les relie, un crapaud glorieux, se détachant sur une auréole lumineuse.

— Lettre Q. Elmire et Tartuffe assis à côté l'un de l'autre ; Tartuffe a l'une de ses mains sur le dossier de la chaise d'Elmire et met l'autre sur son genou, ce qui fait dire à celle-ci : « Que fait là votre main ? » scène III, vers 916. Dans les angles supérieurs du cadre, deux têtes de Satyres avec des ailes de Chérubin.

— Cul-de-lampe. La scène finale de l'Acte. Comme Orgon insiste pour faire accepter à Tartuffe la donation de sa maison et de son bien, celui-ci répond, sans le regarder et en levant les yeux au plafond : « La volonté du Ciel soit faite en toute chose; » vers 1182. Au milieu de l'ornement du bas, des piles et des sacs d'écus sur un plateau, porté par une tête de vipère; au sommet de celui du haut, deux cornes d'abondance, d'où tombent toutes sortes de victuailles.

Acte IV. — En-tête. Dans une chambre aux murs richement décorés, Elmire, appuyée sur le bord de la longue table couverte d'un tapis sous lequel elle a caché son mari pour qu'il entende ce qui se dira, se recule devant Tartuffe, qui, dans sa passion, marche vers elle en lui disant : « Contentez mon desir, et n'ayez point d'effroi; » scène IV, vers 1495. Dans les deux niches architecturales qui encadrent la Scène, deux statues de bronze : à droite un Satyre à pieds de chèvre qui se précipite avec un geste de désir brutal; à gauche une femme dans un geste de crainte et de refus.

— Lettre O. Tartuffe se dirigeant vers les marches d'un escalier droit et montrant sa montre à Cléante en lui disant : « ... Il est, Monsieur, trois heures et demie; — Certain devoir pieux me demande là-haut; » scène I, vers 1265-6.

— Cul-de-lampe. Dans un cadre chantourné, accosté de deux rinceaux finissant en têtes de bélier, la scène de la fin de l'Acte. A gauche Elmire debout, appuyée contre la table, silencieuse et approchant de ses lèvres, comme pour se contenir, le bout de son éventail fermé; Orgon, vu de dos, dit violemment à Tartuffe : « Il faut, tout sur le champ, sortir de la maison; » à droite, Tartuffe, tranquille, la tête haute et les bras croisés sur sa poitrine, lui répond : « C'est à vous d'en sortir, vous qui parlez en maître; » scène VII, vers 1556-7.

Acte V. — En-tête. Monsieur Loyal signifiant son Exploit. A gauche Dorine, les poings sur les hanches, regarde l'Huissier; à droite toute la famille d'Orgon debout derrière lui; au centre celui-ci se récriant: « Moy, sortir de céans, » à quoi Monsieur Loyal, très poli, le chapeau à la main et l'échine courbée, lui répond : « Ouy, Monsieur, s'il vous plaist ; » scène IV, vers 1752. Dans le fond de la chambre une large porte-fenêtre vitrée. Devant les rideaux qui remplissent l'intervalle des colonnettes formant les montants latéraux, un vase richement sculpté et rempli de fleurs; au centre du bandeau supérieur, une chauve-souris, les ailes étendues.

Lettre O. Orgon essayant en vain de convaincre sa mère Madame Pernelle : « Je l'ay vu, dis-je, vu, de mes propres yeux vu ; » scène III, vers 1276. Dans les angles supérieurs du cadre, volent deux petits génies nus, qui montrent du doigt le bonhomme et rient de son peu de succès auprès de sa mère.

— Cul-de-lampe. Le dénouement de la Pièce. A droite, Madame Pernelle, cédant à son accablement, s'est assise dans un fauteuil. A côté d'elle, son fils debout et, derrière eux, leur famille, aussi debout. A gauche, Tartuffe et l'Exempt, tous deux le chapeau sur la tête ; Tartuffe se retourne, en s'exclamant, vers l'Exempt, qui, son bâton dans la main droite, met la gauche sur le bras de l'Imposteur, en lui disant enfin : « ... Suivez-moy, tout à l'heure, — Dans la prison qu'on doit vous donner pour demeure ; » scène VII, vers 1901-2. Au milieu de l'ornement du bas, trois branches de laurier dressées en faisceau ; en haut du cadre, les armes de France, sommées de la couronne fermée, accostées de longues ailes, et, posées sur le sceptre, la main de justice et les balances de Thémis, symboles de la puissance, de l'équité et de la bienveillance du Roi, le protecteur et le défenseur d'Orgon et de Molière.

MARQUE DE L'IMPRIMEUR. — Une imprimerie du XVIIe siècle. Au centre, la presse; un ouvrier encre la forme avec deux tampons; un autre ôte de la frisquette relevée une feuille tirée; sur le montant de la presse un portrait fixé avec deux clous : « J.-B. Poquelin de Molière. » Sur le haut de la presse trois volumes, sur lesquels un porc-épic, l'un des supports des armes d'Evreux. A droite un ouvrier, debout devant sa casse et vu de dos, lève la lettre. Au fond, deux cordes tendues supportent des feuilles qui sèchent. En haut du cadre, dont les bandes latérales sont garnies de branches de houx, les armes d'Evreux : de France à la bande componée d'argent et de gueules, accompagnées de la devise de l'Imprimeur : *Per aspera spera ;* en bas, deux C enlacés et une grande H, monogramme des initiales du nom et du prénom de M. Charles Hérissey.

Achevé d'imprimer a Évreux
Par Charles Hérissey
Le trente juin Mil huit cent quatre-vingt-onze

Pour le compte d'Émile Testard
Éditeur a Paris

www.ingramcontent.com/pod-product-compliance
Lightning Source LLC
Chambersburg PA
CBHW071931160426
43198CB00011B/1355